O MELHOR DO AIKIDO

OS FUNDAMENTOS

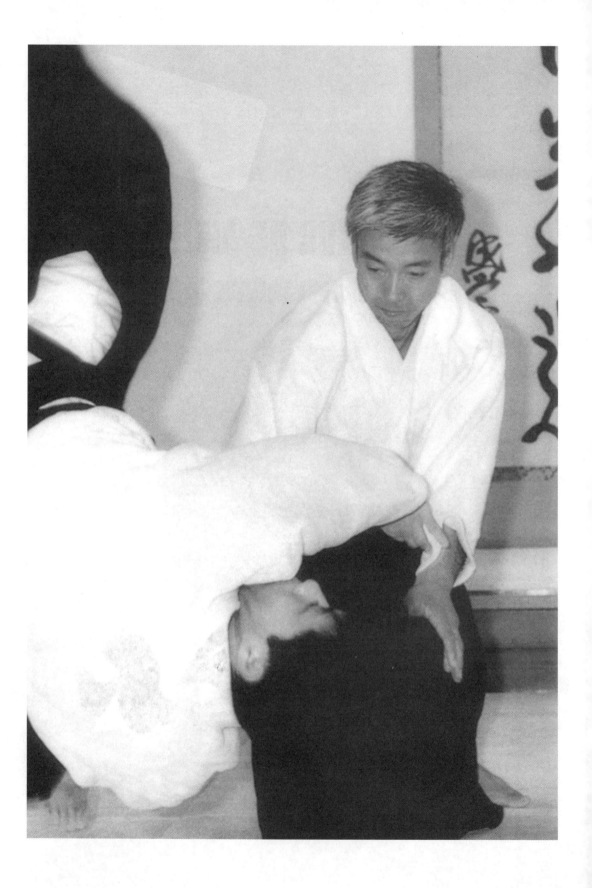

Kisshomaru Ueshiba
Moriteru Ueshiba

O MELHOR DO AIKIDO

OS FUNDAMENTOS

Tradução:
PAULO PROENÇA

Supervisão
PROFESSOR WAGNER BULL, 6º Dan

Editora
Cultrix
SÃO PAULO

Título original: *Best Aikido – The Fundamentals*.
Copyright © 2002 Kisshomaru Ueshiba, Moriteru Ueshiba e Kodansha International Ltd.
Tradução para o inglês © 2002 John Stevens.
Publicado mediante acordo com a Kodansha International Ltd., 17-14 Otowa 1-chome, Bunkyo-ku, Tóquio.
112-8652, e Kodansha América, Inc.

Copyright da edição brasileira © 2006 Editora Pensamento-Cultrix Ltda.

1ª edição 2006.

2ª reimpressão 2013.

Para maiores informações sobre a Fundação Aikikai, favor entrar em contato pelo endereço abaixo:

Aikido World Headquarters
Aikikai Foundation
17-18 Wakamatsu-cho — Shinjuku-ku — Tokyo — 162-0056 — Japan
Tel: 81-(0)3-3203-9236 — Fax: 81-(0)3-3204-8145 — Website: www.aikikai.or.jp

No Brasil: www.aikikai.org.br
Rua Mauro, 331 — CEP 04055-040 — São Paulo-SP — Fone: 5581-6241 (011)

Foto da capa por Naoto Suzuki.

Técnicas *waza* são demonstradas por Moriteru Ueshiba como *tori* e Takeshi Kanazawa, Yoshinobu Irie e Toshio Suzuki como *uke*.

Todos os direitos reservados. Nenhuma parte deste livro pode ser reproduzida ou usada de qualquer forma ou por qualquer meio, eletrônico ou mecânico, inclusive fotocópias, gravações ou sistema de armazenamento em banco de dados, sem permissão por escrito, exceto nos casos de trechos curtos citados em resenhas críticas ou artigos de revistas.

Dados Internacionais de Catalogação na Publicação (CIP)
(Câmara Brasileira do Livro, SP, Brasil)

Kishomaru Ueshiba
O melhor do aikido : os fundamentos / Kisshomaru Ueshiba, Moriteru Ueshiba ; traduzido para o português por Paulo Proença ; supervisão Professor Wagner Bull, 6º Dan ; [tradução para o inglês John Stevens]. — São Paulo : Cultrix, 2006.

Título original em inglês : Best Aikido : the fundamentals.
ISBN 978-85-316-0930-5

1. Aikido 2. Artes marciais 3. I. Moriteru Ueshiba. II. Título

06-1703   CDD-796.8154

Índices para catálogo sistemático:
1. Aikido : Esportes 796.8154

Direitos de tradução para a língua portuguesa
adquiridos com exclusividade pela
EDITORA PENSAMENTO-CULTRIX LTDA.
Rua Dr. Mário Vicente, 368 – 04270-000 – São Paulo, SP
Fone: (11) 2066-9000 – Fax: (11) 2066-9008
E-mail: atendimento@editoracultrix.com.br
http://www.editoracultrix.com.br
que se reserva a propriedade literária desta tradução.
Foi feito o depósito legal.

SUMÁRIO

Prefácio 9
O que é Aikido? 10
Perguntas e respostas sobre o Aikido 14

Capítulo UM
PREPARAÇÃO PARA O TREINAMENTO 21

1. Posicionamento (*Kamae*) 22
2. Distanciamento em Combate e Olhar Focado (*Ma-ai e Me-tsuke*) 23
3. Etiqueta, Posição Sentada Formal, Andando com os Joelhos (*Rei, Zaho, Shikko*) 24
4. Movimento dos Pés (*Unsoku*) 28
   Passo Básico (*Ayumi Ashi*) 28
   Passo Contínuo (*Tsugi Ashi*) 29
   Meio-passo (*Okuri Ashi*) 29
5. Movimento do Corpo (*Sabaki*) 30
   Irimi (Entrada) (contra um soco) 30
   Irimi (contra um ataque com *jo*) 30
   Tenkan (girar sobre um dos pés ou ambos) 30
   Katate-dori Tenkan (giro corporal quando agarrado por um pulso) 32
   Tenshin (movimento corporal deslizante) 33
   Tenkai (movimento giratório) 34
6. Quedas (*Ukemi*) 36
   Queda para Trás (*Ushiro hanten ukemi*) 36
   Queda para Frente (*Zenpo kaiten ukemi*) 38
   Queda Total para Trás (*Koho kaiten ukemi*) 38
   Queda para Técnicas de Imobilização (*Katame waza ukemi*) 41
   Queda Lateral (*Yoko ukemi*) 42
7. Mão em Forma de Espada (*Tegataná*) 43
8. Exercícios de Aquecimento do Pulso (*Tekubi Kansetsu Junan Ho*) 44
   Kote-mawashi ho 44
   Kote-gaeshi ho 45
9. Alongamento das Costas (*Haishin Undo*) 45
10. Giro do Corpo (*Tai no Tenkan*) 46
    Shiho-giri (*Omote*) 46
    Shiho-giri (*Ura*) 48

Capítulo DOIS
TÉCNICAS FUNDAMENTAIS 50

TÉCNICAS DE ARREMESSO (*NAGE-WAZA*) 51

1. *Irimi-nage* (Arremesso Avançando) 51
   Katate-dori Irimi-nage (*ai-hanmi*) 52
   Shomen-uchi Irimi-nage 52
2. *Shiho-nage* (Arremesso nas Quatro Direções) 54
   Katate-dori Shiho-nage (*ai-hanmi*) (*omote*) 54
   Katate-dori Shiho-nage (*ai-hanmi*) (*ura*) 54
   Katate-dori Shiho-nage (*gyaku-hanmi*) (*omote*) 56
   Katate-dori Shiho-nage (*gyaku-hanmi*) (*ura*) 56

TÉCNICAS DE IMOBILIZAÇÃO (*KATAME-WAZA*) 58

1. *Dai-Ikkyo* (Imobilização Número Um) 58
   Katate-dori Dai-Ikkyo (*ai-hanmi*) (*omote*) 58
   Katate-dori Dai-Ikkyo (*ai-hanmi*) (*ura*) 58
   Shomen-uchi Dai-Ikkyo (*omote*) 60
   Shomen-uchi Dai-Ikkyo (*ura*) 60
   Shomen-uchi Dai-Ikkyo (*suwari-waza*) (*omote*) 62
   Shomen-uchi Dai-Ikkyo (*suwari-waza*) (*ura*) 62

KOKYU-HO (TREINAMENTO DA FORÇA DA RESPIRAÇÃO) 64
   Em pé (*rippo*) (*omote*) 64
   Em pé (*rippo*) (*ura*) 66
   Sentado (*za-ho*) 68
   Tenchi-nage e a Força da Respiração 70

Capítulo TRÊS
TÉCNICAS BÁSICAS 71

TÉCNICAS DE ARREMESSO (*NAGE-WAZA*) 72

1. *Irimi-nage* 72
   Yokomen-uchi Irimi-nage 72

Katate-dori Irimi-nage (*gyaku-hanmi*)
(*irimi*) 74
Katate-dori Irimi-nage (*gyaku-hanmi*)
(*tenkan*) 74
Tsuki Irimi-nage (*irimi*) 76
Tsuki Irimi-nage (*tenshin*) 76
Ushiro Ryotekubi-dori Irimi-nage 78
2. *Shiho-nage* 80
Yokomen-uchi Shiho-nage (*omote*) 80
Yokomen-uchi Shiho-nage (*ura*) 82
Ryote-dori Shiho-nage (*omote*) 84
Ryote-dori Shiho-nage (*ura*) 84
Hanmi-hantachi Katate-dori Shiho-nage
(*omote*) 86
Hanmi-hantachi Katate-dori Shiho-nage
(*ura*) 86
Ushiro Ryotekubi-dori Shiho-nage (*omote*) 89
Ushiro Ryotekubi-dori Shiho-nage (*ura*) 91
3. *Tenchi-nage* 92
Tenchi-nage (*omote*) 92
Tenchi-nage (*ura*) 92
4. *Kaiten-nage* 94
Katate-dori Kaiten-nage (*uchi-kaiten*) 94
Katate-dori Kaiten-nage (*soto-kaiten*) 94
Tsuki Kaiten-nage 96
Ushiro Ryotekubi-dori Kaiten-nage 96

TÉCNICAS COMBINADAS DE ARREMESSO
E IMOBILIZAÇÃO (*NAGE-KATAME-WAZA*) **98**
1. *Kote-gaeshi* 98
Shomen-uchi Kote-gaeshi 98
Yokomen-uchi Kote-gaeshi 100
Tsuki Kote-gaeshi (*irimi*) 102
Tsuki Kote-gaeshi (*tenshin*) 104
Katate-dori Kote-gaeshi (*gyaku-hanmi*) 106
Ushiro Ryotekubi-dori Kote-gaeshi 108

TÉCNICAS DE IMOBILIZAÇÃO
(*KATAME-WAZA*) **110**
1. *Dai-Ikkyo* (*Ude-osae*) (Imobilização do
braço) 110
Katate-dori Dai-Ikkyo (*gyaku-hanmi*)
(*omote*) 110
Katate-dori Dai-Ikkyo (*gyaku-hanmi*)
(*ura*) 112
Kata-dori Dai-Ikkyo (*omote*) 115

Kata-dori Dai-Ikkyo (*ura*) 117
Ushiro Ryotekubi-dori Dai-Ikkyo (*omote*) 119
Ushiro Ryotekubi-dori Dai-Ikkyo (*ura*) 121
2. *Dai-Nikyo* (*Kote-mawashi*)
(Torção do Pulso) 122
Shomen-uchi Dai-Nikyo (*omote*) 122
Shomen-uchi Dai-Nikyo (*ura*) 125
Kata-dori Dai-Nikyo (*suwari-waza*) (sentado)
(*omote*) 127
Kata-dori Dai-Nikyo (*suwari-waza*) (sentado)
(*ura*) 128
Katate-dori Dai-Nikyo (*gyaku-hanmi*)
(*omote*) 131
Katate-dori Dai-Nikyo (*gyaku-hanmi*)
(*ura*) 132
Ushiro Ryotekubi-dori Dai-Nikyo (*omote*) 134
Ushiro Ryotekubi-dori Dai-Nikyo (*ura*) 137
3. *Dai-Sankyo* (*Kote-Hineri*)
(Torção do Pulso) 138
Shomen-uchi Dai-Sankyo (*suwari-waza*)
(sentado) (*omote*) 138
Shomen-uchi Dai-Sankyo (*suwari-waza*)
(sentado) (*ura*) 140
Katate-dori Dai-Sankyo (*gyaku-hanmi*)
(*omote: uchi-kaiten*) 142
Katate-dori Dai-Sankyo (*gyaku-hanmi*)
(*ura: uchi-kaiten*) 145
Ushiro Ryotekubi-dori Dai-Sankyo
(*omote*) 147
Ushiro Ryotekubi-dori Dai-Sankyo (*ura*) 149
4. *Dai-Yonkyo* (*tekubi-osae*)
(Torção do Pulso) 150
Shomen-uchi Dai-Yonkyo (*omote*) 150
Shomen-uchi Dai-Yonkyo (*ura*) 150
Katate-dori Dai-Yonkyo (*gyaku-hanmi*)
(*omote*) 153
Katate-dori Dai-Yonkyo (*gyaku-hanmi*)
(*ura*) 155
Ushiro Ryotekubi-dori Dai-Yonkyo (*omote*) 157
Ushiro Ryotekubi-dori Dai-Yonkyo (*ura*) 158
5. *Dai-Gokyo* (*Ude-nobashi*)
(Extensão do braço) 160
Shomen-uchi Dai-Gokyo (*omote*) 160
Shomen-uchi Dai-Gokyo (*ura*) 162
Yokomen-uchi Dai-Gokyo (*omote*) 164
Yokomen-uchi Dai-Gokyo (*ura*) 166

O falecido Kisshomaru Ueshiba e seu filho Moriteru Ueshiba, atual Doshu, em frente à placa em relevo de Morihei Ueshiba, o fundador do Aikido, no Hombu Dojo.

PREFÁCIO

O Melhor do Aikido foi escrito pelas razões a seguir. Mesmo que este seja um conceito difícil para alunos iniciantes, as técnicas do Aikido nascem da harmonização entre o corpo humano e a energia universal (*ki*) do céu e da terra. Em poucas palavras, todas as técnicas de Aikido derivam do princípio do movimento natural. Como cada técnica de Aikido tem sua característica especial, aberta à interpretação pessoal, o número de técnicas de Aikido é ilimitado. Por conseguinte, o Aikido não pode ser ensinado por meio de padrões predefinidos nem pode ser rigidamente sistematizado. Tem sido esse o enfoque do ensino do Aikido desde que a arte foi iniciada pelo Fundador, Morihei Ueshiba.

Eu recebi instruções diretamente do Fundador durante muitos anos e, portanto, agi de acordo com a vontade dele na difusão do Aikido. O Aikido é atualmente uma arte praticada em muitos países, por milhões de homens e mulheres, jovens e idosos.

Para estabelecer a prática do Aikido de maneira ainda mais ampla, depois de muita reflexão eu selecionei as técnicas mais essenciais à arte, a partir de um grande número de possibilidades. Essas técnicas, que podem ser praticadas por qualquer pessoa, seja jovem ou idosa, tornam mais fácil o treinamento e a eficiência na arte.

Além disso, o Aikido, como arte marcial, encerra muitos princípios importantes. No meu modo de ver, esses princípios têm validade universal, e o espírito por trás das técnicas de Aikido deveria ser até mais disseminado.

Este livro não é simplesmente um manual técnico. Esse tipo de manual só descreveria a forma exterior do Aikido. Nesta obra, o Aikido é apresentado tanto como caminho espiritual quanto como arte marcial. *O Melhor do Aikido* contém o essencial para o conhecimento da arte, o essencial para o treinamento e as formas essenciais do Aikido.

Estou muito satisfeito com este livro elementar, elaborado em co-autoria com meu filho Moriteru, que está levando adiante a tradição de desenvolver e promover o Aikido, de acordo com seus princípios verdadeiros. Estamos entrando numa nova era, e eu agradeço à total participação de Moriteru na criação do texto e das fotografias que demonstram as técnicas. Espero sinceramente que este livro ajude todos os praticantes da arte a compreender mais profundamente a forma e o espírito do Aikido, além de facilitar o seu treinamento.

Kisshomaru Ueshiba

Comentário do revisor técnico da tradução brasileira:

Esta edição brasileira é recomendada a todos os afiliados à Confederação Brasileira de Aikido – Brazil Aikikai (www.aikikai.org.br), entidade oficialmente reconhecida pela central japonesa, o Aikikai Hombu Dojo, como um livro-texto básico, necessário ao aprendizado da arte do Aikido nos moldes dessa entidade internacional. O Doshu Kisshomaru Ueshiba, filho do fundador do Aikido, Morihei Ueshiba, e autor do prefácio, falecido em 4 de janeiro de 1999, foi o responsável pela difusão da arte por todo o mundo e deixou como sucessor seu filho, o atual Doshu Moriteru Ueshiba. Este é quem aparece na maioria das fotos ilustrativas desta obra, que seguem a tradição da família Ueshiba e inspiram todos os interessados em aprender esse Budo, apresentando um modelo da forma correta para a prática e facilitando o aprendizado e a atualização dessa arte que evolui dia após dia.

Prof. Wagner Bull – 6º Dan
Presidente da Confederação Brasileira de Aikido
Rua Mauro, 331– Cep 04055-040 – fone 5581-6241– 275-4734

O QUE É AIKIDO?

Aqueles que não estão bem informados quanto às verdadeiras qualidades do Aikido acham que ele nada mais é do uma das artes marciais do passado. É verdade que Morihei Ueshiba (1883–1969), o Fundador do Aikido, estudou muitos tipos de artes marciais tradicionais e utilizou essa experiência para formular as técnicas do Aikido. No entanto, o Aikido é muito mais do que uma combinação de várias artes marciais. O Fundador deixou isso muito claro: "Já estudei muitos tipos de artes marciais – Yagyu Ryu, Shinyo Ryu, Kito Ryu, Daito Ryu, Shinkage Ryu e outras mais –, mas o Aikido não é uma combinação dessas artes. Todas as técnicas do Aiki funcionam por meio do *ki.*"

Não obstante, o Aikido e o Daito Ryu Aikijutsu são muitas vezes confundidos, mesmo nas obras de referência japonesas, e é até compreensível que o público em geral não consiga distinguir facilmente essas duas artes. De fato, Morihei Ueshiba foi discípulo de Sokaku Takeda (1859–1943), Grão-mestre do Daito Ryu, mas, quando um repórter lhe perguntou se a criação do Aikido fora uma conseqüência direta do seu treinamento no Daito Ryu, Morihei respondeu: "Não. Seria mais correto dizer que o Mestre Sokaku abriu os meus olhos para o verdadeiro significado do Budo." A natureza essencial do Aikido é muito diferente da de outras artes marciais.

As artes marciais tradicionais do Japão podem ser consideradas importantes tesouros culturais e históricos, mas, depois da Restauração Meiji, em 1868, e da falência da antiga ordem dos samurais, a rápida e indiscriminada ocidentalização do país produziu um efeito devastador sobre todas as artes marciais. Jigoro Kano (1860–1938) achava que os melhores elementos das artes marciais japonesas deveriam ser preservados, mas para ele foi muito difícil encontrar mestres exímios e aprender com eles – a maioria dos artistas marciais antigos já havia desaparecido. Somente com perseverança e esforços diligentes ele conseguiu fundar o Kodokan Judo, para preservar o melhor das artes marciais tradicionais japonesas num contexto moderno. Kano abriu a sua primeira escola em 1882, um ano antes de Morihei

nascer. Enquanto Kano achava que a realização de competições esportivas no estilo ocidental ajudaria a promover a sua nova arte do Judo, Morihei seguia um caminho completamente diferente. De fato tão diferente que algumas pessoas perguntavam, "O Aikido, na verdade, não é uma arte marcial, é?"

Realmente, existem muitas pessoas mal informadas que interpretam equivocadamente o Aikido como um tipo de exercício para a saúde, um tipo de dança, um mesmerismo marcial ou algo do gênero e, como já foi mencionado, existem até obras de referência que confundem o Aikido com o Aikijutsu. Que fique claro, entretanto, que o Aikido é Budo, uma arte marcial. O Aikido é um aprimoramento das técnicas marciais tradicionais, combinado com uma sublime filosofia do espírito. Trata-se de um método para modelar a mente e o corpo.

Qual é a exata natureza dessa filosofia do espírito? Dito de maneira simples, ela consiste em evitar o uso de trapaças, truques ou força bruta para vencer um oponente. O Aikido é um veículo que nos ajuda em nossa busca pelo Caminho e nos leva a desenvolver o nosso caráter de uma maneira que também beneficie os nossos parceiros de treino. Nessa busca pelo Caminho, precisamos unificar a mente e o corpo para nos harmonizarmos com a ordem natural do universo, e assim responder livremente a qualquer eventualidade. O Aikido é um sistema de treinamento que nos proporciona a verdadeira experiência desse estado.

A palavra "universo" é normalmente usada para transmitir um conceito de imensidão, mas na verdade o universo do Caminho do Aikido é muito concreto e está centralizado dentro do nosso próprio corpo. No treinamento do Aikido, empenhamo-nos para entender os princípios do *ki* por meio da experiência propriamente dita e da utilização de várias técnicas, que tornam esses princípios parte da nossa consciência diária. Essa é uma das características distintivas do Aikido.

Vamos olhar mais de perto a natureza do *ki* no Aikido, estudando-o de modo mais concreto. Quando se vêem as técnicas de Aikido sendo executadas, é melhor observar todos os movimentos como sendo circulares. Quando se cria um círculo, o parceiro parece girar sem equilíbrio e cair sozinho. Os movimentos circulares evitam colisões com uma força oposta e facilitam a harmonização. Para se criar um verdadeiro círculo, é preciso que haja um centro firme e estável.

Todos os movimentos no Aikido são circulares.

Um pião gira em alta velocidade sobre um centro estável, mas parece não se mover. No entanto, se você tocá-lo, ele imediatamente voará para longe com o impulso da força centrífuga, evidenciando a sua força latente. A energia irradiada por esse movimento é um exemplo perfeito da "quietude dentro do movimento".

O Fundador costumava descrever esse estado de "quietude dentro do movimento" como *sumikiri*, "total clareza da mente e do corpo". Esse conceito é uma parte central do Aikido.

Em 1924, o Fundador acompanhou o líder religioso da Omoto-kyo, Onisaburo Deguchi (1871–1947) numa missão à Mongólia. No seu caminho através das montanhas, Onisaburo e os seus acompanhantes foram atacados por assaltantes. Tiros vinham por todos os lados. O artista marcial Morihei, que servia como guarda-costas de Onisaburo, achou que todos morreriam, mas de repente sentiu-se extraordinariamente calmo e centrado. Ele conseguiu sentir a trajetória das balas e se desviar delas. Toda a comitiva escapou ilesa. O Fundador descreveu posteriormente esse estado extraordinariamente calmo como *sumikiri*, quietude dentro do movimento, e afirmou que, depois dessa experiência maravilhosa, ele passou a sentir imediatamente qualquer movimento ou intenção hostil que surgisse em qualquer lugar.

Esse episódio miraculoso é realmente fascinante, mas não se pode ignorar que a experiência de *sumikiri* do Fundador é fruto do intenso treinamento diário que ele praticou durante longos anos. Não ocorreu por acaso, sem nenhum esforço. Sem a prática constante, a compreensão da verdadeira natureza do Aikido nunca é atingida.

No dojo, o treinamento segue algumas regras. Nas ruas, no entanto, tudo pode acontecer e isso faz com que seja mais difícil manter a serenidade. É fácil mantê-la em circunstâncias ideais; uma das metas do Aikido é ensinar como manter a calma em qualquer situação, não importando o quanto ela seja difícil ou angustiante.

Um método para nos mantermos centrados consiste em respirar pelo *seika tanden* (um ponto psicofísico localizado aproximadamente a cinco centímetros abaixo do umbigo). Lembre-se de que o *ki* que dá vida ao nosso corpo é o mesmo que dá vida a todo o universo. Nenhum dos movimentos circulares praticados no Aikido é contrário aos princípios da natureza. Controle a respiração e una-se com o ritmo natural do universo. É assim que você fica centrado no seu *seika tanden*. O seu próprio centro precisa estar ligado ao centro da Terra. O *ki* emana da sensação de estabilidade e calma.

Ao contrário de outros mestres de artes marciais, que tendem a criar regras e regulamentos complicados em seus locais de treino, Morihei não apreciava essa prática e só pedia que os discípulos seguissem o seu bom senso natural. Mas como o Aikido se tornava cada vez mais conhecido, os alunos mais antigos pediram que ele criasse algumas diretrizes para os treinos. "Os tempos mudaram, ao que parece", respondia Morihei com um sorriso, para depois criar as "Precauções para se treinar Aikido".

1. As técnicas de Aikido podem matar instantaneamente, por isso é fundamental seguir as ins-

truções do professor e não se envolver em disputas para medir forças.

2. O Aikido é uma arte na qual se usa "um" para atingir "muitos". Treine para conseguir sentir ataques vindos das quatro ou das oito direções.

3. Treine sempre de maneira jovial e alegre.

Kisshomaru Ueshiba banhando-se no sol da manhã, enquanto executa exercícios para o desenvolvimento do ki. (No Santuário Aiki)

4. O instrutor só pode transmitir uma pequena parte dos ensinamentos. Somente com o treino incansável é possível obter a experiência necessária para desvendar esses mistérios.

5. Na prática diária, comece com os movimentos básicos para fortalecer o corpo sem exceder os seus limites. Com o aquecimento correto, nem mesmo as pessoas mais velhas correm o risco de se machucar. Sinta prazer com os treinos e se esforce para compreender o seu verdadeiro propósito.

6. O propósito do treinamento do Aikido é modelar o corpo e a mente e formar o caráter pessoal. As técnicas são transmitidas do professor para o aluno, individualmente, e não devem ser ensinadas a qualquer pessoa ou utilizadas com a intenção de prejudicar.

Essas precauções ainda são observadas no Dojo Central do Japão, com mais ênfase na regra número três, "Treine sempre de maneira jovial e alegre".

Quando se menciona o termo "arte marcial", muitas pessoas imaginam uma pessoa de comportamento agressivo e provocador, e de fato existem pessoas que agem desse modo. Entretanto, essa atitude indica claramente que essa pessoa na verdade não compreende o Budo. A agressão em excesso é na realidade uma máscara da falta de autoconfiança. Uma pessoa que entenda realmente o que é Budo tem, pelo contrário, uma aparência calma e uma índole gentil. Ela tem confiança suficiente para não tentar intimidar outros seres humanos, e costuma apresentar uma expressão dócil no rosto. Em poucas palavras, ela manifesta *shizen tai*, um estado de espírito perfeitamente natural e descontraído. Para ajudá-los a entender esse tipo de alegria natural, eu freqüentemente digo aos alunos, "Não deveríamos treinar com mais alegria?"

Apreciamos muito os alunos que realmente compreendem a essência do Aikido. Estes vêm treinar animados, têm prazer em arremessar e ser arremessados, treinam até que o suor lhes cubra o rosto e vão para casa de bom humor. Eles não estão interessados em obter altas graduações – eles simplesmente se deliciam com a alegria do treinamento. Manifestam *shizen tai*, um estado de completo bem-estar.

A Terra nasceu do universo e aqueles que prosperam nesse ambiente favorável à vida podem tornar-se unos com a natureza. Eles nunca se opõem à lei natural e nunca tentam controlar usando a força. Essas pessoas manifestam um equilíbrio natural e diário.

Essa atitude, pautada numa profunda experiência, pode ser um fator muito positivo nas atividades sociais. Se você treina de maneira natural e completa, com serenidade e um centro firme e estável, uma quantidade imensa de *ki* é gerada. Isso traz enormes benefícios para você mesmo e para a sociedade. Essa é a nossa forma ideal, natural. Atingir esse estado de ser é uma recompensa muito maior do que a vitória que possamos obter em qualquer tipo de combate.

O propósito do Aikido é tornar os seres humanos mais fortes, utilizando a sua própria energia natural. Isso também torna a mente e o corpo mais saudáveis. No Aikido, nós transcendemos a distinção entre mente e corpo; nós unificamos o corpo e a mente e vivemos como uma só entidade. É do centro dessa entidade unificada que nasce o *ki* ilimitado e se forma o sopro vital. Se essas forças poderosas forem manifestadas na vida diária, você viverá de forma extremamente positiva.

O sorridente Fundador demonstrando o princípio de "sempre treinar de maneira jovial e alegre".

O poder do *ki* emerge naturalmente e nos torna capazes de viver diariamente a alegria, a força, a liberdade e a flexibilidade da existência. Vivendo de modo vibrante e com vigor verdadeiro, podemos enfrentar qualquer desafio e nos adaptar a qualquer contingência. A prática do Aikido pode tornar tudo isso possível, e essa ênfase na harmonização e na adaptação explicam o fato de ter se tornado uma arte mundialmente conhecida.

PERGUNTAS E RESPOSTAS SOBRE O AIKIDO

O Aikido pode ser de difícil compreensão para as pessoas modernas. Muitas só conhecem esportes e jogos que priorizam o treinamento físico e técnico e competições organizadas que fazem uma clara distinção entre vencedores e perdedores. Como o enfoque do Aikido não é esse, iniciantes na arte muitas vezes ficam perplexos e desorientados. Para tornar o Aikido mais acessível, utilizaremos aqui um sistema de perguntas e respostas para esclarecer as dúvidas mais comuns. Muitas das respostas podem surpreender num primeiro momento mas, uma vez iniciada a prática do Aikido, você aprenderá a apreciar as suas características únicas.

P: Em que àspectos o Aikido é diferente dos esportes mais comuns?
R: O Aikido é Budo. É um tipo especial de arte marcial que valoriza o desenvolvimento espiritual. Entretanto, também é verdade que o Aikido é reconhecido desde 1984 como membro do GAISF, uma associação de federações esportivas internacionais, por isso não seria errado considerar o Aikido como uma atividade esportiva ou atlética. Deve-se atentar, no entanto, que nos Jogos Mundiais patrocinados pelo GAISF não existem competições organizadas, e eles não têm a mesma publicidade e espírito comercial dos Jogos Olímpicos.

Ao passo que os esportes focalizam somente a competição, o maior propósito do Aikido é o desenvolvimento espiritual do ser humano como um todo. No Aikido, nós nunca usamos truques, artimanhas ou excesso de força para derrotar o oponente. É nesses aspectos que o Aikido se diferencia dos esportes.

No mundo moderno dos esportes, sempre se menciona o controle da mente, mas, se ele é utilizado para derrotar um oponente, não abre caminho para o desenvolvimento espiritual. É por isso que, no Japão, o Ministério dos Esportes emitiu uma ordem oficial a todos os instrutores para que eles não se esqueçam dos aspectos espirituais da educação esportiva. Muitos educadores agora percebem que vencer não é a única finalidade do esporte, e que talvez o Aikido e os esportes acabem assumindo um ponto de vista semelhante no futuro.

Para concluir, devemos mais uma vez frisar que o propósito básico do Aikido é o desenvolvimento espiritual. Ele é Budo, e a arte emergiu de um meio em que a questão de vida ou morte era decidida numa fração de segundo. O Aikido olha o ser humano por inteiro, no nível mais profundo, algo que os esportes não conseguem fazer. O Aikido emprega métodos de treinamento das artes marciais tradicionais dentro do contexto da sociedade moderna.

P: Por que não existem competições no Aikido?
R: Se pensarmos no Budo dentro do contexto da sociedade contemporânea, fica evidente que ele tem de ter outro propósito que não seja ensinar a pessoa a utilizar as técnicas de arte marcial para derrotar um oponente. Quem se interessa por esse tipo de coisa atualmente? As pessoas estão mais interessadas em fazer coisas que tenham aplicações práticas na vida delas. O Budo moderno deve ter algum tipo de ligação com os problemas da vida cotidiana. Essa é uma das razões por que "não existem competições no Aikido".

No Aikido, não existe o conceito de "derrotar um oponente". Se as competições forem permitidas, o desejo de vencer e o desejo de aniquilar o oponente surgirão; essa fixação torna impossível que a pessoa se mantenha em harmonia com a natureza. Uma fixação como essa está em oposição direta à harmonia entre o céu e a Terra. O grande propósito do Aikido é nos unir à natureza e nos levar a agir de maneira harmoniosa com todas as coisas, no céu e na Terra. É impossível atingir esse estado numa competição organizada, e por isso não temos competições no Aikido.

P: O Aikido deixa o praticante mais forte?
R: O Aikido deixa o praticante muito mais forte. No Aikido, nós modelamos a mente e o corpo por meio do treinamento diário. O desenvolvimento da força espiritual nos dá uma confiança imbatível, suficiente para enfrentarmos qualquer situação difícil. Essa é a verdadeira força.

P: Qual é o fator mais importante para o desenvolvimento espiritual?
R: O Aikido é Budo. Não é um mero treinamento mental. A única maneira de aprender é pela experiência autêntica proporcionada pelo treinamento diário. Não se trata de um ato simples como entoar cânticos ou ler um texto. É muito importante que se saiba disso.

Não se abalar com qualquer coisa e não se afastar do seu centro – esse é o cerne dos ensinamentos do Aikido. Nas artes marciais, o aluno aprende a se manter centrado concentrando-se no *seika tanden*. No Aikido, a importância do *seika tanden* não é descartada, mas o conceito de centramento é muito mais abrangente – você tem de estar centrado desde o *seika tanden* até a sola dos pés, tem de estar centrado na terra, e tem de estar centrado e conectado com o centro do universo. Se conseguir isso, você será capaz de compreender a natureza cósmica de todas as coisas.

P: Ouvi dizer que qualquer pessoa pode praticar Aikido – homens, mulheres, velhos e crianças. Isso é verdade?
R: Como mencionamos anteriormente, as pessoas atualmente estão à procura de coisas que tenham aplicação prática na vida diária. Para que serviria uma atividade que só se pode praticar quando jovem ou só se você for homem? O Aikido pode ser praticado por qualquer um – homem, mulher, crianças ou velhos. No Japão, a proporção atual entre homens e mulheres nas artes marciais é de 1:3 e, com exceção do Naginata, o Aikido é a única arte marcial cujos praticantes são, em sua maioria, do sexo feminino. A idade média dos praticantes de Aikido também é mais alta do que a da maioria das artes marciais. Os praticantes têm principalmente entre 18 e 40 anos.

O Aikido é baseado nos movimentos naturais, por isso o corpo não sofre um *stress* excessivo. Ele não requer grande força física e pode ser praticado por qualquer pessoa que tenha vontade de praticá-lo.

P: O condicionamento físico, como o treinamento com pesos, é necessário no Aikido?
R: Não. O Fundador tinha muito orgulho da sua grande força física até que ele encontrou o Mestre Sokaku Takeda. O Mestre Sokaku era um homem magro e franzino, na época com uns cinqüenta anos de idade, mas mesmo assim ele foi capaz de derrubar Morihei com facilidade. Se os seus movimentos forem naturais, a força física em excesso torna-se desnecessária, e você pode continuar a aplicar as técnicas de Aikido independentemente de sua idade.

Se, além da prática do Aikido, você também fizer treinamento com pesos e halterofilismo, os seus músculos tenderão a se contrair e tensionar, impedindo o fluxo natural de *ki*. É preferível deixar que o seu corpo se desenvolva naturalmente. Mesmo que esculpir o corpo não seja uma prioridade no Aikido, o próprio treinamento acabará resultando num corpo mais forte e em músculos mais flexíveis.

P: Qual é a natureza do *ki* no Aikido? É a mesma que a do *ch'i* utilizado nas artes marciais chinesas?
R: Mais uma vez, explicaremos o conceito em palavras mas, se você não tiver nenhuma experiência de fato, a resposta não terá muito sentido. Se não praticar, o que você tem na cabeça terá pouco valor.

Com certeza, o conceito do *ki* é um ponto central no Aikido, e o Fundador sempre enfatizava a sua importância. Entretanto, a explicação do Fundador sobre *ki* era profunda e de difícil compreensão, especialmente para pessoas da geração

Qualquer um pode praticar o Aikido – homem ou mulher, jovem ou velho.

moderna. Algumas tentaram compreender o que ele estava procurando dizer, mas outras não demonstraram interesse pelo problema. Em certas ocasiões, o Fundador falava sobre o *ki* e de repente dizia com um sorriso, "Ele vem diretamente dos deuses!"

Existem várias maneiras de interpretar o conceito de *ki*, mas aqueles que praticam o Aikido com sinceridade vão desenvolver aos poucos uma compreensão intuitiva da verdadeira natureza do *ki*. Se perguntássemos isso a um praticante de Aikido, a resposta seria mais ou menos esta: "Quando eu dou polimento à minha mente e ao meu corpo, todo o meu ser se sente vibrante!"

No entanto, se fôssemos explicar aos alunos iniciantes algo como, "O *ki* é uma forma de iluminação; centelhas se irradiam do seu ventre e trespassam todo o universo!", quem acreditaria nisso? É preferível que você desenvolva o seu próprio conceito de *ki* por meio da prática diária.

Quanto à relação entre o *ki* e o *ch'i*: eles são semelhantes, mas aplicados de modo diferente. O conceito de *ki*, logicamente, não é limitado somente ao Aikido, e muitas artes marciais e sistemas filosóficos se valem desse termo para expressar a idéia de "energia universal" ou "força vital". O Aikido e as artes marciais chinesas têm muitos pontos em comum, mas o enfoque de cada uma delas é diferente e não deveríamos considerá-las idênticas. É preciso reconhecê-las como dois sistemas distintos e independentes.

P: No Aikido, enfatiza-se a "força da respiração" (*kokyu ryoku*). Ela está relacionada com a capacidade pulmonar?
R: A força da respiração mencionada no Aikido é muito mais do que capacidade pulmonar. Ela envolve a utilização do corpo inteiro. Não é simplesmente a respiração, mas o poder concentrado que surge quando o corpo e a mente são unificados. A força da respiração é crucial para o Aikido. Mesmo que a capacidade pulmonar da pessoa não aumente, ela ainda assim pode conseguir um grande poder liberador por meio da unificação do corpo e da mente. A força da respiração e o *ki* são as usinas de força do Aikido.

Não existem seres humanos que não respirem, e todos respiram inconscientemente. Se a respiração pára, partimos rapidamente deste mundo. A respiração é o mais natural dos reflexos. O *ki* e a força da respiração são indivisíveis, são o cerne do Aikido.

P: Quando assisto às pessoas praticando Aikido, elas parecem girar como piões. Esses movimentos são de fato eficientes como técnicas marciais?
R: Para responder, vamos dar como exemplo a educação escolar. Se os alunos só estudam para as perguntas que vão cair na prova, sua educação será inadequada e incompleta. Em qualquer tipo de empreendimento, será que é possível ignorar os princípios básicos?

Pelo contrário, domine os princípios básicos e o progresso será mais rápido.

Outra abordagem é ensinar de maneira padronizada. Nas artes marciais, isso seria assim: "Se tal coisa acontecer, reaja assim." Isso parece facilitar o aprendizado, mas na realidade não é de muita serventia numa situação real. É impossível postular uma resposta fixa para cada contingência e, numa situação real, você não tem chance de dizer ao oponente que tipo de ataque ele deve usar.

Vejamos mais de perto os métodos de treinamento do Aikido. Nós praticamos sentados técnicas que não têm aplicações práticas na sociedade moderna – todos se sentam em cadeiras hoje em dia –, mas o treinamento dessas técnicas nos ajuda a desenvolver a força das pernas e dos quadris, um centro sólido e a força da respiração. É impossível ter uma aplicação prática para cada movimento, mas o treinamento do básico acaba dando ao praticante a capacidade de responder apropriadamente a uma situação real.

Além disso, gera-se um *ki* poderoso com os movimentos circulares. Para se fazer um círculo perfeito, é necessário que se tenha um centro firme. O *ki* brota desse centro, e é a fonte de uma poderosa revolução. Se você estiver levemente fora do centro, toda sua força se dissipará, mas, se permanecer centrado, você conseguirá se esgueirar mesmo da força contrária mais poderosa. Esse é um princípio-chave.

Os movimentos físicos do Aikido são centralizados no *seika tanden,* a parte medial do corpo humano. Se você estiver centrado nesse ponto, poderá se mover em círculo, seja ele grande ou pequeno, com verdadeira estabilidade, e gerar um grande poder de *ki*. Os praticantes de Aikido nunca "giram" o corpo simplesmente, sem nenhum critério.

P: São usados chutes no Aikido?
R: Não. O Fundador tinha pernas fortíssimas e, em algumas ocasiões, ele demonstrou técnicas de chute, mas quase nenhuma dessas técnicas foi incorporada ao Aikido moderno.

Como já mencionamos várias vezes, o Aikido ressalta a importância de ficar centrado, tanto na mente como no corpo, com ambos os pés no chão, literal e figuradamente. Chutes ou rasteiras que comprometam o equilíbrio são, portanto, evitados.

As técnicas do Aikido não são transmitidas de maneira predeterminada, e não existe nenhuma instrução do tipo "Se acontecer tal coisa, faça isto". Nós não costumamos praticar defesas contra chutes no Aikido e muitos consideram essa atitude problemática, mas, na verdade, se a pessoa tem uma sólida formação nos princípios básicos, consegue lidar com qualquer tipo de ataque.

Eis um exemplo. Um instrutor de Aikido foi desafiado, na Tailândia, por um *kick-boxer* da região. Mesmo depois que o treinador tentou explicar que não havia competições no Aikido, o desafiante insistiu. Ele começou atacando com um chute, que o instrutor de Aikido imediatamente contra-atacou. Em seguida, ele imobilizou o *kick-boxer* com a técnica do *ikkyo*. O instrutor, que nunca havia treinado contra chutes, ficou surpreso ao ver a naturalidade e a eficiência com que ele respondera ao ataque. Ele não tinha nenhuma idéia preconcebida sobre como reagir, então apenas reagiu naturalmente, e essa reação foi fruto do seu treinamento diário nos fundamentos do Aikido.

P: Existe um atacante de estilo livre (*randori*) no Aikido?
R: Não, pela mesma razão pela qual não existe competição no Aikido. Nunca atacamos primeiro no Aikido, e só nos movemos para responder à agressão do oponente, por isso, dois praticantes nunca se atacariam no Aikido. Mas nós temos um tipo de treinamento de estilo livre, em que o parceiro usa uma variedade de estilos para atacar e o outro parceiro tem liberdade para utilizar qualquer tipo de técnica do Aikido.

P: Durante o treinamento de Aikido, até que ponto devemos resistir à execução de uma técnica? Se resistirmos muito, fica difícil para o nosso parceiro treinar; se não resistirmos nem um pouco, o que isso pode significar?
R: Não devemos resistir demais. Muitas artes marciais não concordam com essa postura, mas não é uma questão de executar passivamente as técnicas. É uma questão de cooperação, e trabalhando com um parceiro você aprende a avaliar e a aplicar a quantidade de pressão (e resistência) necessária. Esse é um treinamento eficiente.

Aqui está uma ilustração da eficiência do treinamento do Aikido. O lutador de luta livre Ichiro Yata uma vez visitou nosso dojo. Yata, que tinha participado dos Jogos Olímpicos de Los Angeles em 1932 e sido presidente da All-Japan Amateur Wrestling Association, estava em boa forma e era um lutador experiente, mas ficou completamente imobilizado quando a chave de *nikyo* foi aplicada em seu pulso. Como ele não tinha nenhum tipo de treinamento no Aikido, não conseguiu resistir apesar de toda a sua força e condicionamento físico. O Aikido parece fácil, mas quando começa a praticar você percebe o quanto é necessário treinar para conseguir aplicar uma técnica firme e poderosa.

Moriteru Ueshiba demonstrando a relação sutil entre a força do ki *e os movimentos circulares.*

Se acha que, numa situação real, não adianta nada harmonizar os seus movimentos com o do parceiro e que, ao resistir, você torna a técnica mais realista, isso é sinal de que você não está tomando conhecimento das características essenciais do Aikido.

P: Quantas técnicas, aproximadamente, existem no Aikido?

R: Atualmente, no Hombu Dojo existem aproximadamente cinqüenta técnicas básicas e fundamentais. Entretanto, quando esses movimentos básicos são dominados e os princípios de Aikido são compreendidos, o número dessas aplicações é ilimitado. As técnicas de Aikido não são aprendidas externamente ou simplesmente copiando-se os movimentos. Assim como é impossível ajustar todas as pessoas no mesmo molde, as técnicas emergem livremente do centro dos movimentos diversificados do Aiki.

P: Qual é a diferença entre "técnicas fundamentais" e "técnicas básicas"?

R: As técnicas fundamentais são as principais. Se traçarmos um paralelo com a matemática, as técnicas fundamentais seriam como os Cinco Princípios de Euclides. Esses princípios fundamentais são a base da geometria aplicada. Como as técnicas fundamentais são como axiomas, não existem movimentos no Aikido que violem esses princípios. Técnicas básicas são as técnicas deduzidas das técnicas fundamentais, e durante o treinamento a prova dos axiomas é claramente demonstrada.

Existem aqueles que gostam de fazer os seus próprios princípios, mas isso não é possível no Budo. Todos os movimentos têm de seguir princípios naturais e não podem ser inventados.

Eis um exemplo: se você soltar uma pedra, ela cairá no chão por causa da gravidade, e esse princípio nunca mudará. Esse é um axioma que deve ser observado e, depois de compreendido como uma base, ele pode ser utilizado. Desse axioma fundamental surgem os movimentos básicos, e dos movimentos básicos surgem as variações.

P: Não é difícil lembrar tantas técnicas?

R: Existem aqueles que, desde o início, querem memorizar cada técnica ou ter tudo explicado antes de tentar aplicá-las. Se você pensa assim,

será muito difícil aprender seguindo o fluir natural dos movimentos do Aikido, e unificando a mente e o corpo. Pensamento demais atrapalha o progresso do praticante. Quando alguém diz: "Eu não me lembro das técnicas que aprendi. O que eu devo fazer?", a resposta é, "Tudo bem, não faz mal esquecer. É mais importante se esquecer da sua cabeça e aprender diretamente com o seu corpo."

P: Existem diferentes escolas de Aikido?

R: Com certeza. Existem muitos sistemas que dizem ser "tal e tal Aikido", sem mesmo saber o que é o verdadeiro Aikido. E existem alguns pequenos grupos fundados pelos primeiros alunos do Fundador; dentre eles, alguns até chegaram ao ponto de organizar competições, coisa que é completamente contrária ao espírito do Aikido. Independentemente de quanto as técnicas sejam parecidas, se elas estão divorciadas do espírito do Fundador, não são Aikido.

Preferimos não pensar que existam diferentes escolas de Aikido. Se fizermos muitas distinções entre as diferentes interpretações das técnicas do Aikido, o caráter universal do Aikido se perderá.

P: Qual é o propósito de práticas preliminares como *furitama* e *torifune-undo*?

R: Essas práticas são formas de *misogi*, um ritual tradicional xintoísta para purificação do espírito e do corpo. O Fundador se interessava muito pelo xintoísmo esotérico, especialmente o *kototama*, a ciência dos sons sagrados; e ele também estudava *misogi* com o xamã xintoísta Bonji Kawazura (1862–1929). O Fundador empregou essas práticas antes e depois da Segunda Guerra Mundial, e alguns dos seus discípulos seguiram o seu exemplo.

Em poucas palavras, *misogi* é um método de purificação do corpo e do espírito. É difícil imaginar como movimentos tão simples podem transformar o caráter de alguém, mas, se a pessoa praticar o ritual de *misogi* sinceramente, ele irá sem dúvida causar esse efeito.

P: Qual é o ponto de vista do Aikido quanto à etiqueta?

R: A etiqueta é uma criação humana e não existe nada parecido no reino animal. A noção do que seja a "etiqueta apropriada" varia muito de cultura para cultura, e isso faz com que seja impossível afirmar que uma determinada conduta é a mais correta. Do ponto de vista do Aikido, é melhor deixar que a noção de etiqueta se desenvolva naturalmente, por meio do treinamento freqüente. Não existem regras elaboradas de etiqueta no Hombu Dojo.

Por exemplo, nunca ninguém disse às crianças que treinavam num dojo de Aikido no Havaí que deviam colocar seus sapatos em ordem antes de entrarem no tatami. No entanto, depois de alguns meses, mesmo as crianças mais bagunceiras já arrumavam os sapatos com cuidado, o que causou grande surpresa (e agradou) aos pais. As crianças perceberam naturalmente a importância da etiqueta sem que o instrutor precisasse dizer nada.

Qualquer tipo de etiqueta que tenha de ser imposta com rigor não é etiqueta de verdade. "O treinamento de Budo começa e termina com respeito" – esse é um ditado famoso, mas mesmo assim não precisa ser dito expressamente. No Aikido, a melhor etiqueta é a mais natural possível.

P: Qual é a relação mais importante entre o treinamento de Aikido e a vida cotidiana?

R: É preciso, por exemplo, manter uma boa postura e o movimento do Aikido durante todo o dia. O mais importante, entretanto, é manter uma atitude modesta e harmonizar a mente e o corpo. No campo das relações humanas, precisamos evitar conflitos e resolver problemas de maneira harmoniosa, bem no estilo do Aikido. Para fazer isso melhor, temos, acima de tudo, de ser honestos e humildes.

O Fundador e Kisshomaru Ueshiba orando para realizar o misogi *numa cachoeira.*

CAPÍTULO UM

Preparação para o Treinamento

Hidari-hanmi   *Migi-hanmi*

Preparação para o Treinamento

Antes de iniciarmos qualquer treino com um parceiro, precisamos ter um conhecimento básico dos conceitos e da terminologia do Aikido. Eis a seguir os fundamentos do treinamento do Aikido.

1. POSICIONAMENTO *(KAMAE)*

No Aikido, é preciso assumir a "atitude" correta (outro significado de *kamae*) do ponto de vista físico, mental e espiritual. Quando enfrentamos um oponente, sempre devemos assumir uma posição oblíqua, uma postura com meio corpo (*hanmi*). Quando o pé esquerdo está à frente, isso é chamado *hidari-hanmi* ① e quando o pé direito está à frente, isso é chamado *migi-hanmi* ②. Quando o *tori* (a pessoa que executa a técnica) está com o pé direito à frente e o *uke* (quem recebe a técnica) está com o pé esquerdo à frente, isso é chamado *migi-gyaku* (reversa direita) *hanmi* ③. No caso oposto, isso é chamado *hidari-gyaku* (reversa esquerda) *hanmi* ④. Quando ambos os parceiros têm o mesmo pé à frente, isso é chamado *hidari-ai* (esquerdo igual) *hanmi* ⑤ e *migi-ai* (direito igual) *hanmi* ⑥.

Migi-gyaku-hanmi

Hidari-gyaku-hanmi

Hidari-ai-hanmi

Migi-ai-hanmi

2. DISTANCIAMENTO EM COMBATE E OLHAR FOCADO (*MA-AI* E *ME-TSUKE*)

Distanciamento em combate: é o espaço entre você e o seu parceiro. Como em todas as artes marciais, a distância mantida entre você e o parceiro durante o combate é muito importante, tanto física como psicologicamente. Além de assumir a distância correta no posicionamento inicial, também é necessário que o praticante mantenha uma boa distância enquanto executa as técnicas.

Olhar focado: a maneira mais eficiente e rápida de perceber a intenção do parceiro é fitar os olhos dele. No Aikido, não fixamos o olhar num só ponto; procuramos abarcar com o olhar toda a figura do parceiro.

Kisshomaru Ueshiba posicionado corretamente em hanmi.

3. ETIQUETA, POSIÇÃO SENTADA FORMAL, ANDANDO COM OS JOELHOS *(REI, ZAHO, SHIKKO)*

No Aikido, sempre temos o cuidado de respeitar os nossos parceiros de treino e de expressar esse respeito com uma reverência formal (①, ②).

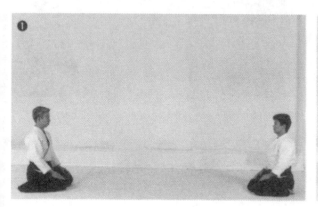

Kisshomaru Ueshiba realizando a reverência formal do Aikido.

A essência do Aikido é nos unir com a energia do universo (*ki*) e seguir o fluir dinâmico da natureza. Essa é a chave de todo o treinamento do Aikido, e esse princípio deve ser firmemente implantado na mente de todos os praticantes. Não existem muitas regras e regulamentos no Aikido porque acreditamos que, seguindo os princípios da natureza, nos comportaremos de maneira naturalmente adequada. Quando nos dedicamos à disciplina do Aikido, é natural que demonstremos nosso respeito baixando a cabeça num cumprimento. Do ponto de vista do Aikido, uma simples reverência contém e mantém todas as regras necessárias. Qualquer pessoa, seja da idade ou da nacionalidade que for, que mantiver uma etiqueta simples, se sentirá revitalizado e progredirá com sua técnica de Aikido. Morihei Ueshiba, o Fundador do Aikido, sempre destacava a importância da etiqueta e do respeito no treinamento de Aikido.

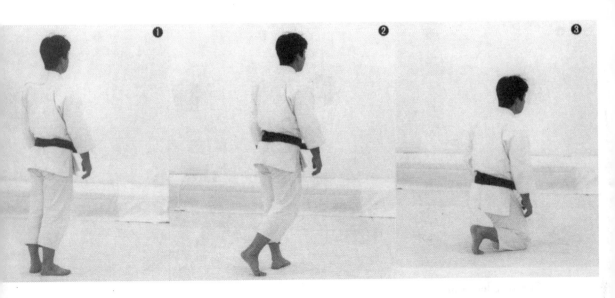

Como se sentar

①-③ Dê um passo pequeno para trás, apoiando-se no pé esquerdo, e apóie o joelho direito no chão.

④ Abaixe também o joelho esquerdo, juntando-o ao direito.

⑤ Continue apoiado nos dedos dos pés enquanto abaixa os quadris.

⑥-⑦ Sente-se sobre os pés e acomode-se na posição sentada formal (*seiza*).

Como se levantar

①-③ De *seiza*, levante-se, apoiando os dedos dos pés no chão.
④-⑤ Dê um passo à frente com o pé esquerdo.
⑥-⑧ Levante-se num só movimento.

Andando com os joelhos (*Shikko*)

①-② De *seiza*, apóie-se nos dedos dos pés.
③ Deslize para frente com o joelho esquerdo.
④-⑤ Deslize o pé direito, aproximando-o do esquerdo.
⑥-⑦ Deslize para frente com o joelho direito.
⑧-⑨ Deslize o pé esquerdo, aproximando-o do direito e continue fazendo o mesmo movimento. O movimento de andar com os joelhos é utilizado quando se pratica técnicas sentado (*suwari waza*).

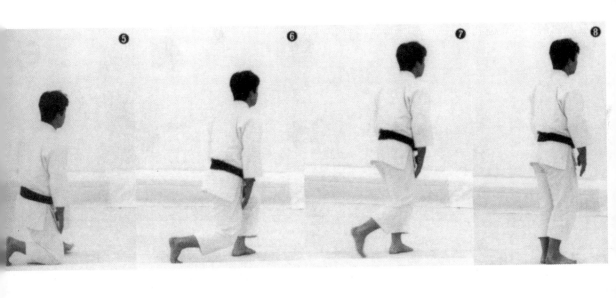

4. MOVIMENTO DOS PÉS *(UNSOKU)*

Para se mover suavemente, é necessário manter os joelhos flexíveis e o corpo centralizado, e avançar com um passo deslizante *(suri ashi)*.

Passo Básico *(Ayumi Ashi)*

Mantenha o corpo centralizado e mova-se para frente com um passo deslizante, alternando os pés.

Passo Básico (*Ayumi Ashi*)

Passo Contínuo *(Tsugi Ashi)*

Da posição de *hanmi*, aproxime o pé de trás do pé da frente e dê um passo com o pé da frente. Permaneça na mesma posição de *hanmi* enquanto avança para frente.

Meio-passo *(Okuri Ashi)*

Ande para frente com o pé da frente e depois aproxime o de trás, permanecendo na posição de *hanmi*.

Passo Contínuo (*Tsugi Ashi*)

Meio-passo (*Okuri Ashi*)

5. MOVIMENTO DO CORPO (SABAKI)

Para controlar corretamente o ataque de um oponente, é fundamental saber como mover o corpo para ficar numa posição de vantagem. Um bom movimento corporal pode ser aperfeiçoado por meio de exercícios individuais ou com um parceiro.

Irimi (**Entrada**) (contra um soco)

① Posicione-se em *hidari-ai-hanmi*.
② O *uke* dá um passo à frente com o pé direito e dá um soco com o punho direito.
③ O *tori* desliza para frente e para fora, desviando-se do soco, e controla o braço do parceiro com o *tegataná* (usando a parte inferior da mão como uma espada) esquerdo.

Irimi (contra um ataque com *jo*)

① Posicione-se em *migi-gyaku-hanmi*.
②-③ O *tori* evita o ataque com *jo* avançando pelo lado de fora, enquanto simultaneamente desfere um *atemi* na lateral do *uke*.

Ao atacar, o *uke* tem de avançar para frente com força total. (O *atemi* é um contra-ataque preventivo, dirigido aos pontos vitais do oponente; o *atemi* é aplicado para tirar o equilíbrio de um oponente ou para impedir um contra-ataque.)

Tenkan (girar sobre um dos pés ou ambos) (prática individual)

①-⑤ De *hidari-hanmi*, dê um passo à frente com o pé esquerdo, gire 180 graus e finalize em *hidari-hanmi*.

Se a coordenação entre o giro do corpo e a posição dos *tegataná* não for boa, você estará contando apenas com a força física para tentar mover o parceiro.

O giro corporal executado com os pés na mesma posição é chamado *hanten*.

Katate-dori Tenkan (**giro corporal quando agarrado por um pulso**)

① Posicione-se em *migi-gyaku-hanmi*.

②-③ O *uke* segura o pulso direito do *tori* com a mão esquerda. O *tori* avança com o pé da frente e posiciona-se ao lado do *uke*.

④-⑤ O *tori* faz um giro de 180 graus usando o *tegataná* direito para conduzir o *uke*.

Executando o giro corporal e mantendo os *tegatanás* na posição correta, é possível conduzir o *uke* sem resistência (②-④).

Tenshin (movimento corporal deslizante)

①-② De *hidari-ai-hanmi*, o *uke* dá um passo à frente com o pé direito e golpeia a lateral da cabeça do *tori*.

③-⑧ O *tori* dá um passo à frente com o pé direito e faz um giro deslizante, enquanto aplica um *atemi* no rosto do *uke* com o *tegataná* direito. O *tori* usa o *tegataná* esquerdo para desferir um golpe sobre o braço direito do *uke* e neutralizar o ataque.

Tenkai (movimento giratório)

①-③ De *migi-ai-hanmi*, o *uke* dá um passo à frente com o pé esquerdo e segura o pulso direito do *tori* com a mão esquerda.

④-⑤ O *tori* tira o equilíbrio do *uke* avançando para frente com o pé direito.

⑥-⑨ O *tori* avança com o pé esquerdo por "dentro" do lado esquerdo do *uke* e faz um movimento giratório.

Seja qual for a técnica executada, é essencial manter o centro de gravidade baixo, os joelhos flexíveis e os giros suaves e estáveis. O movimento demonstrado nas figuras ⑤-⑦ não é um mergulho, mas um movimento suave e evasivo.

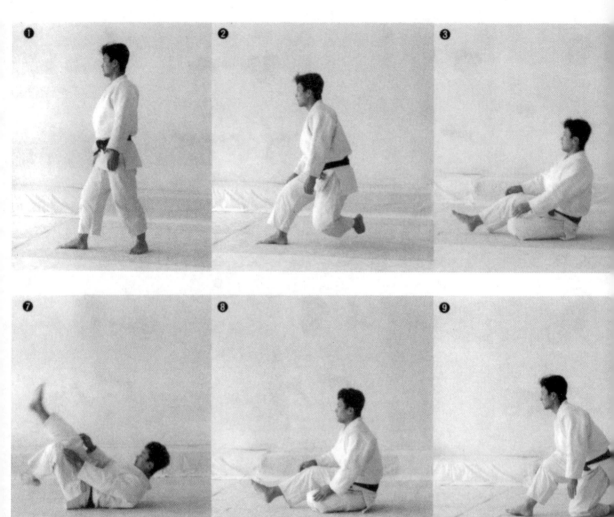

6. QUEDAS (ÙKEMI)

As quedas são aplicadas com a finalidade de proteger o corpo de lesões quando se está sendo arremessado ou imobilizado. Além disso, ao aprender como cair corretamente, você começa a perceber melhor como deve aplicar as técnicas no seu parceiro, quando você estiver na posição de *tori*.

Queda para Trás *(Ushiro hanten ukemi)*

①-⑤ Recue a perna de trás e dobre-a como se fosse se sentar numa cadeira. Role para trás no *tatami*, tomando cuidado para não bater a cabeça no chão.

⑥-⑫ Role novamente para frente e, usando ambos os pés, volte à posição inicial, em pé.

Não é necessário bater as mãos com força no *tatami*. Para reduzir o impacto de choque contra o corpo, mantenha o corpo o mais circular possível e esteja pronto para iniciar outro movimento tão logo estiver em pé.

Queda para Frente *(Zenpo kaiten ukemi)*

①-⑨ Jogue-se para frente, tocando o *tatami* primeiro com a mão e rolando para frente naturalmente com o cotovelo, o ombro, as costas e os quadris tocando suavemente o chão. Levante-se por completo, voltando à posição de *hanmi*.

Queda Total para Trás *(Koho kaiten ukemi)*

①-④ Recue a perna de trás, como se fosse se sentar numa cadeira, e role natural e completamente com as nádegas, os quadris, as costas e os ombros tocando levemente o chão.

⑤-⑧ Levante-se e fique ereto, finalizando na posição de *hanmi*.

Nota: Observe como o *uke* dobra os joelhos e coloca a mão no chão quando executa a queda.

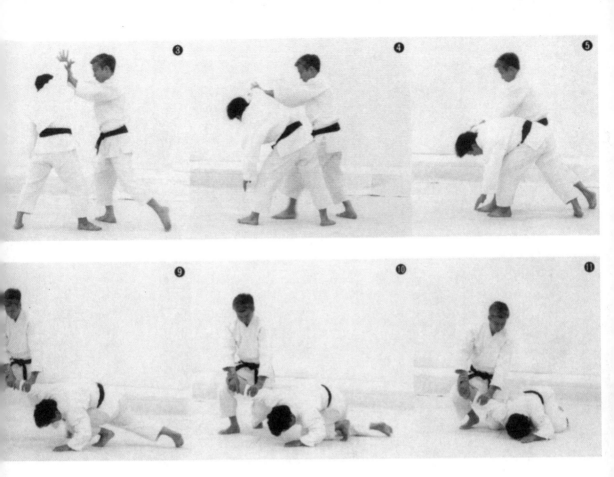

Queda para Técnicas de Imobilização
(Katame waza ukemi)

①-⑦ O *tori* dá um pequeno passo à frente com o pé da frente e empurra o cotovelo e o pulso do *uke*. O *tori* então dá um passo largo à frente, enquanto controla o pulso e o cotovelo do *uke* e o leva ao chão.

⑧-⑩ O *tori* leva o *uke* completamente ao chão, baixando o corpo dele até tocar o *tatami* e ficando de joelhos.

⑪-⑫ O *tori* imobiliza o braço direito do *uke* junto ao chão, alinhando seu corpo com o braço e as costelas do *uke*.

Queda Lateral *(Yoko ukemi)*

①-⑦ Esta é uma queda livre para o lado. Use o lado interno do braço para diminuir o impacto e absorver o choque da queda.

7. MÃO EM FORMA DE ESPADA (*TEGATANÁ*)

No Aikido, a *kokyu-ryoku* (força da respiração) é muito importante. A chave para o desenvolvimento do *kokyu-ryoku* é a mão em forma de espada, ou *tegataná*. O conceito do *tegataná* não se limita somente à mão; ele inclui o antebraço, a parte interna e externa do pulso, a palma e a borda exterior da mão, que vai da ponta dos dedos até o pulso.

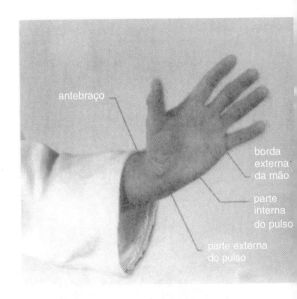

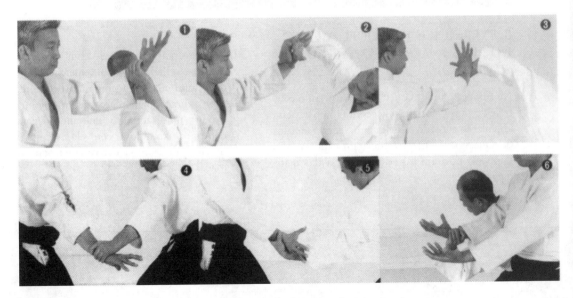

Utilização do Tegataná

① Avançando pelo lado do parceiro.
② Levantando e avançando para cima.
③ Cortando para fora.
④ Cortando para baixo e para o lado.
⑤ Cortando para baixo e para dentro.
⑥ Girando o pulso em *tenkan* e conduzindo o parceiro.

8. EXERCÍCIOS DE AQUECIMENTO DO PULSO *(TEKUBI KANSETSU JUNAN HO)*

No Aikido, muitas das técnicas envolvem o controle do pulso, por isso é necessário preparar essa articulação antes do treinamento. Esses exercícios de aquecimento não só preparam o pulso, mas também mostram a posição correta das mãos quando executamos várias técnicas.

Kote-mawashi ho

① Segure o polegar esquerdo com o polegar direito e o dedo mínimo esquerdo com o dedo mínimo direito, como mostra a foto.
② Leve os braços para frente e depois coloque o pulso junto ao peito, dobrando-o para dentro e abaixando os cotovelos. Repita o movimento de oito a dez vezes e troque as mãos.

Kote-gaeshi ho

① Segure a mão esquerda em frente ao peito, com o polegar direito entre o dedo mínimo e anular, como mostra a foto.
② Torça a mão esquerda e abaixe-a, aproximando-a do corpo, como mostra a foto. Repita de oito a dez vezes o exercício e troque as mãos.

9. ALONGAMENTO DAS COSTAS (*HAISHIN UNDO*)

Este é um exercício para relaxar o corpo e acalmar a mente, realizado no final dos treinos.

① O *uke* segura ambos os pulsos do *tori*.
②-③ Usando ambos os *tegataná*, o *tori* conduz o *uke*.
④-⑤ O *tori* alinha as costas com as costas do *uke*.
⑥ O *tori* abaixa os quadris e levanta o *uke*, tirando seus pés do chão, como mostra a foto.

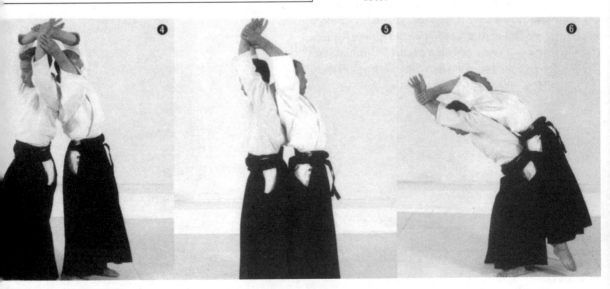

10. GIRO DO CORPO
(TAI NO TENKAN)

Este exercício é na verdade a técnica de *shiho-nage* sem a finalização do arremesso ao chão.

Shiho giri (Omote)

① Posicione-se em *migi-ai-hanmi*.
② O *uke* segura os pulsos do *tori*.
③ O *tori* avança ligeiramente para frente e ao mesmo tempo levanta os *tegataná*.
④ O *tori* avança com o pé esquerdo.
⑤ O *tori* gira o corpo e corta para baixo com os *tegataná*.
⑥-⑦ O *tori* pára na metade do exercício e alonga o *uke*.

Quando o *tori* se move para a frente do *uke* chama-se a técnica de *omote* (frente); quando o *tori* se move para fora do *uke* a técnica é chamada de *ura*. (Veja a próxima página.) É importante mover os *tegataná* devagar, com movimentos grandes quando guiar o *uke*.

As figuras ③-⑥ demonstram o passo deslizante e o grande giro levando ao *kaiten*, utilizado para controlar o *uke* e tirar seu equilíbrio.

Shiho-giri (Ura)

① Posicione-se em *migi-gyaku-hanmi*.
② O *uke* segura os pulsos do *tori*.
③ O *tori* avança para frente com o pé da frente e gira 180 graus.
④ O *tori* levanta os *tegataná* enquanto altera seu centro.
⑤ O *tori* corta para baixo com ambos os *tegataná*.
⑥-⑦ O *tori* pára na metade do movimento e alonga o *uke*.

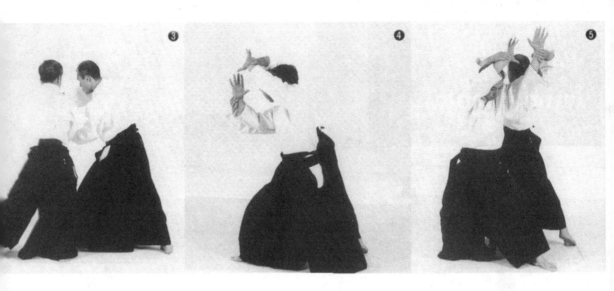

Se o corte é finalizado desta forma, o exercício se transforma no arremesso de *shiho-nage*.

CAPÍTULO DOIS

Técnicas Fundamentais

Existem várias técnicas fundamentais que são essenciais para a prática do Aikido. As técnicas de Aikido são geralmente descritas como sendo ou *omote* (frente) ou *ura* (trás). Nas técnicas em *omote,* os movimentos são baseados no princípio de avançar; e nas técnicas em *ura*, os movimentos são baseados no princípio de girar. As técnicas são sempre praticadas de ambos os lados, sendo assim, as instruções técnicas expressas neste livro devem ser invertidas quando se executar a técnica iniciando-a pelo lado oposto. Como mencionamos anteriormente, *tori* é quem executa a técnica; e *uke* é quem recebe a técnica.

Katate-dori Irimi-nage (ai-hanmi)
① Posicione-se em *migi-ai-hanmi*.

TÉCNICAS DE ARREMESSO (*NAGE-WAZA*)

1. *IRIMI-NAGE* (ARREMESSO AVANÇANDO)

Em *irimi-nage*, você primeiro deve evitar o ataque, avançando profundamente pelo lado do parceiro e se posicionando no ponto cego dele (no ponto em que ele não poderá oferecer nenhuma resistência). Você então se mantém centrado, enquanto usa a força do parceiro para movê-lo, e em seguida tira o equilíbrio dele para levá-lo ao chão com um arremesso. O princípio de avançar é comum em muitas técnicas de Aikido e o *irimi-nage* é uma das técnicas-chave para se dominar o Aikido.

Shomen-uchi Irimi-nage
① Posicione-se em *migi-ai-hanmi*.

Katate-dori Irimi-nage (ai-hanmi) *(continuação da pág. 51)*

② O *uke* segura o pulso direito do *tori* com a mão direita.
③ O *tori* dá um passo largo à frente com o pé esquerdo e posiciona-se completamente atrás do *uke*. (Se a entrada não for profunda o suficiente, você não conseguirá tirar o equilíbrio do parceiro).
④-⑤ O *tori* gira sobre o pé esquerdo, enquanto segura a nuca do *uke*.
⑥ Quando o *uke* tenta se levantar, o *tori* o conduz pelo ombro direito.
⑦-⑧ O *tori* dá um passo largo à frente com o pé direito, formando um arco com o braço direito, tira o equilíbrio do *uke* e o arremessa ao chão.

Shomen-uchi Irimi-nage *(continuação da pág. 51)*

② O *uke* avança para frente com o pé direito e ataca com *shomen* usando o *tegataná* direito.
③ O *tori* avança e tenta alcançar a nuca do *uke* com a mão esquerda.
④-⑤ O *tori* gira sobre o pé esquerdo e tira o equilíbrio do *uke*.
⑥ Quando o *uke* tenta se levantar, o *tori* o conduz pelo ombro direito.
⑦-⑨ O *tori* avança com o pé direito, formando um arco com o braço direito, e corta para baixo para levar o *uke* ao chão.

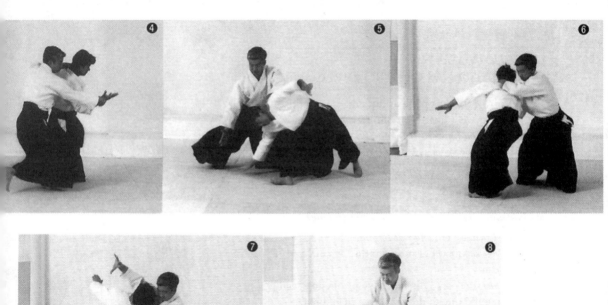

O arremesso visto de um ângulo diferente.

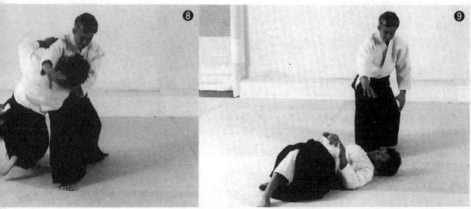

53

2. SHIHO-NAGE
(ARREMESSO NAS QUATRO DIREÇÕES)

Em *shiho-nage,* os dois pés e as duas mãos são utilizados para cortar em quatro ou oito direções. Os movimentos de *shiho-nage* são baseados no princípio da espada, outro aspecto-chave das técnicas do Aikido. A prática constante de *shiho-nage* proporciona uma base sólida para todas as outras técnicas.

Katate-dori Shiho-nage (ai-hanmi) (omote)

① Posicione-se em *migi-ai-hanmi.*
② O *uke* segura o pulso direito do *uke* com a mão direita.
③ O *tori* abre para a direita com o pé direito e segura o pulso direito do *uke* com a mão direita.
④-⑥ O *tori* dá um passo à frente com o pé esquerdo, segura o braço do *uke* com ambas as mãos, e gira sobre os dois pés. O *tori* dá um passo à frente com o pé direito, enquanto corta para baixo com ambas as mãos para levar o *uke* ao chão.

Katate-dori Shiho-nage (ai-hanmi) (ura)

① Posicione-se em *hidari-ai-hanmi.*
② O *uke* segura o pulso esquerdo do *tori* com a mão esquerda.
③-④ Usando o *tegataná* para guiar o *uke,* o *tori* avança com o pé direito para o lado esquerdo do *uke,* e segura o braço do *uke* com ambas as mãos.
⑤-⑥ O *tori* gira sobre os dois pés e, em seguida, dá um passo à frente com o pé esquerdo, enquanto corta para baixo com ambas as mãos, para levar o *uke* ao chão.

Nas fotos ③-⑤, o braço do *uke* não é puxado, mas controlado com um passo largo com o pé esquerdo e um giro livre, o que torna possível arremessá-lo sem resistência.

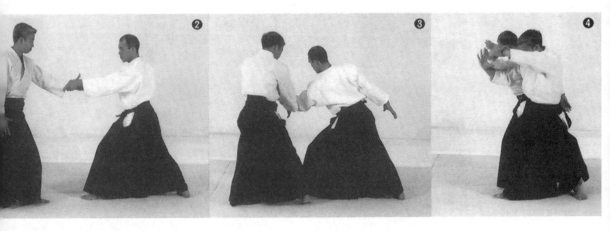

Ao executar o arremesso, corte para baixo enquanto estiver dando o passo largo para frente, assim será mais fácil tirar o equilíbrio do parceiro e arremessá-lo.

55

Katate-dori Shiho-nage *(gyaku-hanmi)* *(omote)*

① Posicione-se em *hidari-gyaku-hanmi*.
② O *uke* segura o pulso esquerdo do *tori* com a mão direita.
③-⑤ O *tori* dá um passo à frente levemente à direita com o pé direito, concentrando todo seu *ki* no *tegataná* esquerdo, e em seguida levanta as mãos com um movimento em espiral.
⑥-⑧ Após dar um passo largo à frente com o pé esquerdo, o *tori* gira sobre o pé direito, avança para frente e corta para baixo para completar o arremesso.

Katate-dori Shiho-nage *(gyaku-hanmi)* *(ura)*

① Posicione-se em *migi-gyaku-hanmi*.
② O *uke* segura o pulso direito do *tori* com a mão esquerda.
③-④ O *tori* dá um passo à frente com o pé direito, para o lado esquerdo do *uke*, e começa a girar enquanto segura o braço esquerdo do *uke* com ambas as mãos.
⑤ O *tori* gira sobre os dois pés.
⑥-⑦ O *tori* dá um passo à frente com o pé esquerdo e corta para baixo para completar o arremesso.

TÉCNICAS DE IMOBILIZAÇÃO (*KATAME-WAZA*)

1. *DAI-IKKYO* (IMOBILIZAÇÃO NÚMERO UM)

Dai-Ikkyo é a base de todas as técnicas de imobilização do Aikido, por isso é essencial que os alunos iniciantes desenvolvam uma sólida compreensão de como ela deve ser executada.

Katate-dori Dai-Ikkyo (ai-hanmi) (omote)

① Posicione-se em *migi-ai-hanmi*.
② Quando o *uke* segura o pulso direito do *tori* com a mão direita, o *tori* imediatamente aplica o *tegataná*.
③ O *tori* abre para a direita, mantendo o *tegataná* direito em frente do próprio centro, e segura o cotovelo direito do *uke* com a mão esquerda.
④ O *tori* dá um passo largo à frente com o pé direito, segura o pulso e o cotovelo do *uke* e corta para baixo num movimento em forma de arco.
⑤-⑥ O *tori* leva o *uke* ao chão ao cortar diretamente em direção ao chão. Ele coloca o joelho esquerdo primeiro e, em seguida, senta-se sobre os dois joelhos para controlar completamente o *uke*, como mostram as fotos. Ele segura o pulso do *uke*, estende o braço e mantém o joelho esquerdo junto às costelas do *uke*.

Katate-dori Dai-Ikkyo (ai-hanmi) (ura)

① Posicione-se em *migi-ai-hanmi*.
② O *uke* segura o pulso direito do *tori* com a mão direita.
③ O *tori* levanta o *tegataná* direito com um movimento em espiral e segura o cotovelo direito do *uke*.
④-⑤ O *tori* avança para frente com o pé esquerdo e faz um giro, enquanto controla o cotovelo e o pulso do *uke*. Como mostram as fotos, ele leva o *uke* ao chão com o rosto voltado para baixo e imobiliza-o.

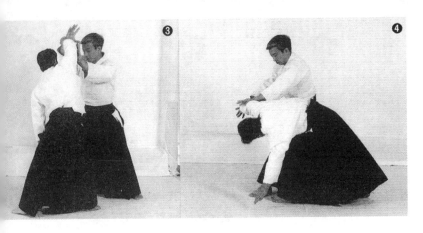

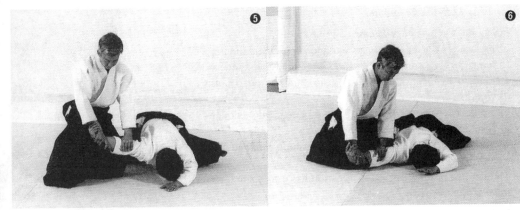

Shomen-uchi Dai-Ikkyo *(omote)*

① Posicione-se em *migi-ai-hanmi*.
② O *uke* avança e ataca com *shomen* usando o *tegataná* direito.
③ O *tori* controla o cotovelo direito do *uke* com a mão esquerda e coloca o *tegataná* direito em posição para segurar o pulso direito do *uke*.
④ O *tori* dá um passo largo à frente com o pé esquerdo, enquanto corta para baixo o braço direito do *uke*.
⑤ O *tori* continua a se mover para frente, levando o *uke* ao chão e controlando seu braço direito.
⑥ Mantendo a postura correta, o *tori* imobiliza o *uke* com o rosto voltado para baixo.

Shomen-uchi Dai-Ikkyo *(ura)*

① Posicione-se em *migi-ai-hanmi*.
②-③ O *uke* dá um passo à frente e ataca com *shomen* usando o *tegataná* direito.
④ O *tori* dá um passo à frente com o pé esquerdo, segura o cotovelo direito do *uke* com a mão esquerda e coloca o *tegataná* direito em posição para controlar o pulso direito do *uke*.
⑤-⑥ O *tori* faz um amplo giro enquanto corta para baixo o braço do *uke*, levando-o ao chão.
⑦ O *tori* coloca o *uke* sob seu completo domínio, com a imobilização de *ikkyo*.

Nota: Quando imobilizar o parceiro, use os dedos para aplicar pressão total.

61

Shomen-uchi Dai-Ikkyo (suwari-waza) (omote)

① Sente-se em *seiza*, como mostra a foto.
② O *uke* avança para frente com o joelho direito, para atacar com *shomen* usando o *tegataná* direito.
③ O *tori* controla o ataque segurando o cotovelo e o pulso direito do *uke*.
④-⑤ O *tori* dá um passo à frente com o pé esquerdo e corta para baixo, forçando o braço direito do *uke*.
⑥-⑦ O *tori* desliza para frente e coloca o *uke* sob seu completo domínio, imobilizando o cotovelo e o pulso do *uke*, como mostra a foto.

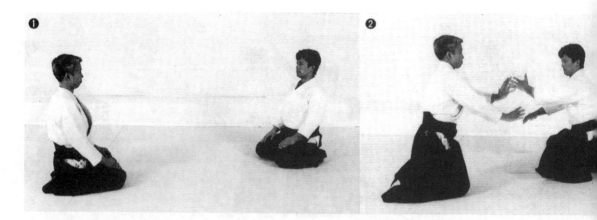

Shomen-uchi Dai-Ikkyo (suwari-waza) (ura)

① Sente-se em *seiza*.
② O *uke* move-se para frente para atacar com *shomen* usando o *tegataná* esquerdo.
③ O *tori* desliza para frente com o joelho direito pelo lado esquerdo do *uke* e segura o cotovelo e o pulso dele.
④ O *tori* gira sobre o joelho direito, enquanto corta o braço do *uke* para baixo.
⑤ O *tori* coloca o *uke* sob seu domínio e imobiliza-o, como mostra a foto.

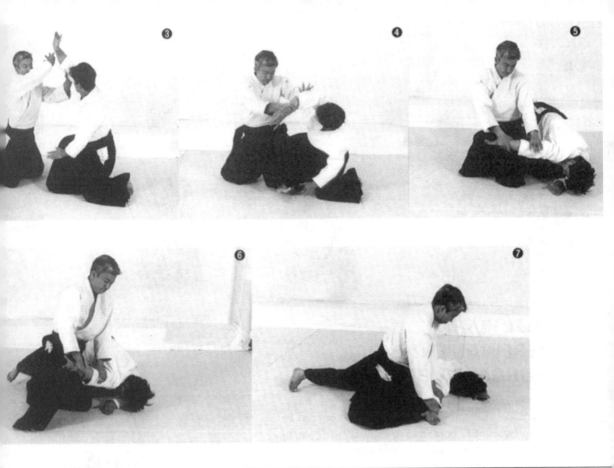

Na imobilização do movimento de *ura,* não tente puxar o parceiro para baixo. Pelo contrário, use um bom movimento de entrada e um giro completo para levá-lo ao chão sem nenhuma resistência.

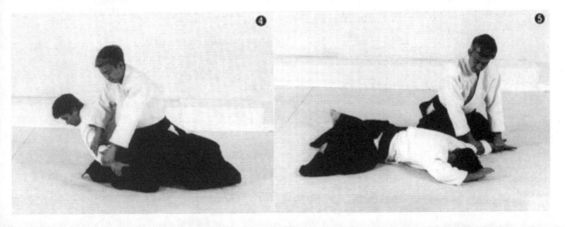

KOKYU-HO (TREINAMENTO DA FORÇA DA RESPIRAÇÃO)

A utilização da força concentrada é chamada de *kokyu-ho* (poder da respiração). No Aikido, o conceito de "respiração" não é limitado ao nariz e à boca; ele abrange o corpo inteiro – cada poro da pele –, e origina-se da força da natureza. *Kokyu* também tem o significado de "*timing* correto". Existem vários exercícios no Aikido que são próprios para purificar a força da respiração, e eles são praticados tanto sentados como em pé.

Em pé *(rippo) (omote)*

① Posicione-se em *hidari-ai-hanmi*.
②-③ O *uke* usa o *tegataná* esquerdo para cortar para baixo o braço esquerdo do *tori* e em seguida segura esse braço com ambas as mãos.
④ O *tori* dá um passo à frente com o pé direito e coloca toda a força da respiração no *tegataná* esquerdo.
⑤ O *tori* avança para trás do *uke* com o pé esquerdo e levanta o braço esquerdo.
⑥-⑦ O *tori* completa o passo com o pé esquerdo, enquanto corta para baixo com ambas as mãos, para derrubar o *uke*.

Nas fotos ③ e ④, o *tegataná* é mantido em frente do centro. Na foto ⑤, o braço também é levantado a partir do centro, enquanto o pé de trás desliza para trás do parceiro e tira o equilíbrio dele, o que torna mais fácil arremessá-lo sem nenhuma resistência.

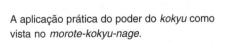

A aplicação prática do poder do *kokyu* como vista no *morote-kokyu-nage*.

Em pé *(rippo) (ura)*

① Posicione-se em *hidari-ai-hanmi*.
②-③ O *uke* usa o *tegataná* esquerdo para cortar para baixo o braço esquerdo do *tori* e em seguida segura esse braço com ambas as mãos.
④-⑤ O *tori* dá um passo para o lado do *uke* com o pé esquerdo e gira sobre os dois pés, usando o *tegataná* esquerdo para guiar o *uke* para cima e tirar o equilíbrio dele.
⑥-⑦ O *tori* dá um passo largo para trás com o pé esquerdo e corta para baixo com ambos os braços, levando o *uke* ao chão.

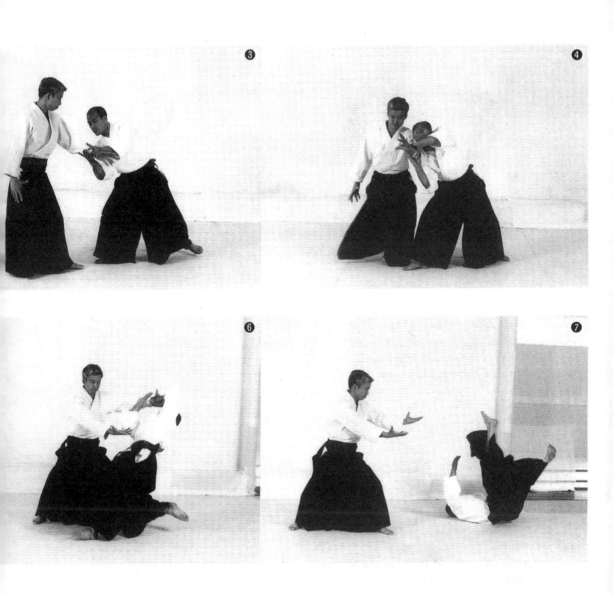

O Kokyu-ho é feito para auxiliá-lo a desenvolver o *ki* (energia vital). Neste exemplo, a mão agarrada é mantida em frente do centro, facilitando assim o movimento suave e sem resistência. Esse tipo de movimento tem muitas aplicações práticas nas técnicas de Aikido.

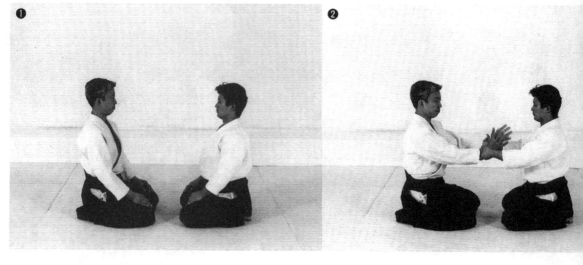

Sentado *(za-ho)*

① Sente-se em *seiza*.
② O *uke* segura os pulsos do *tori* por fora.
③ O *tori* usa os *tegataná* para levantar os braços do *uke*.
④ O *tori* desliza para frente com o joelho direito e ao mesmo tempo corta para baixo com ambas as mãos.
⑤ O *tori* corta diretamente para baixo para o lado esquerdo do *uke*, levando-o ao chão.
⑥ O *tori* usa ambos os *tegataná* para imobilizar o *uke*.

Aqui a força da respiração dos *tegataná* é aplicada na técnica de *ushiro ryotekubi-dori*.

Posição correta do *tegataná* na foto ④, mostrada de frente.

Nota: Concentre a força nos *tegataná*, mas não empurre o parceiro. Levante os braços dele e ele não conseguirá usar nenhuma força contra você. Então ele poderá ser arremessado quando você simplesmente se mover para frente.

Tenchi-nage e a Força da Respiração

O uso concentrado e eficiente da força é uma das características distintivas do Aikido. Olhe para esta fotografia de *tenchi-nage* (arremesso do céu e da terra) para observar como essa força é aplicada. O *tegataná* direito do *tori* é direcionado para cima, a partir do centro e em direção ao céu; e o *tegataná* esquerdo, com a força concentrada no dedo mínimo, é estendido em direção à terra. A eficiência de ambos os *tegataná* é evidente. Os braços do *uke* estão bem abertos, inutilizando sua força e abalando o seu equilíbrio. O *tori* deu um passo largo à frente com o pé direito e irá cortar para baixo com ambas as mãos, para completar o arremesso.

O treinamento da força da respiração é a chave para uma boa movimentação no Aikido. Neste livro, a técnica em pé (*rippo*) requer que você deixe os braços bem perto do corpo, concentre sua força no *tegataná* e mantenha o *tegataná* em frente ao seu próprio centro. Na técnica sentado (*za-ho*), use os *tegataná* para levantar o *uke* e tirar-lhe o equilíbrio. Quando esses métodos de força da respiração são corretamente aplicados, é possível executar uma técnica como o *tenchi-nage*. A prática de *kokyu-ho* leva ao desenvolvimento do *kokyu-ryoku* e promove a apreciação da importância do *ki*, a energia vital essencial.

CAPÍTULO TRÊS

Técnicas Básicas

As técnicas básicas incrementam as técnicas fundamentais, acrescentando uma variedade de aplicações, dependendo do tipo de ataque. Domine as técnicas básicas e você naturalmente será capaz de aplicá-las em diversas situações.

TÉCNICAS DE ARREMESSO (*NAGE-WAZA*)

1. *IRIMI-NAGE*

Yokomen-uchi Irimi-nage

① Posicione-se em *hidari-ai-hanmi*.

② O *uke* dá um passo à frente com o pé direito e ataca com *yokomen* com o *tegataná* direito.

③-④ O *tori* avança com o pé direito e faz um giro amplo, enquanto corta para baixo o braço com que o *uke* ataca.

⑤ O *tori* dá um passo para trás do *uke* com o pé esquerdo e utiliza a mão esquerda para controlar a nuca do *uke*.

⑥-⑦ O *tori* gira com o pé direito e conduz o *uke* para cima.

⑧-⑨ O *tori* traz a cabeça do *uke* para junto do seu ombro direito, avança com o pé direito e corta para baixo para completar o arremesso.

73

Katate-dori Irimi-nage (gyaku-hanmi) (irimi)

① Posicione-se em *hidari-gyaku-hanmi*.
②-④ O *uke* segura o pulso esquerdo do *tori* com a mão direita. O *tori* usa o *tegataná* direito para quebrar a pegada e esgueira-se para o lado direito do *uke*.
⑤ O *tori* dá um passo para dentro e segura a nuca do *uke*.
⑥-⑦ O *tori* faz um amplo giro deslizante com o pé direito, tirando o equilíbrio do *uke*.
⑧-⑨ O *tori* traz a cabeça do *uke* para junto do ombro direito e avança com o pé direito, enquanto corta para baixo, para finalizar o arremesso.

Katate-dori Irimi-nage (gyaku-hanmi) (tenkan)

① Posicione-se em *hidari-gyaku-hanmi*.
②-③ O *uke* segura o pulso esquerdo do *tori* com a mão direita. O *tori* dá um passo à frente com o pé esquerdo para o lado do *uke* e gira.
④-⑤ O *tori* completa o giro e segura o pulso direito do *uke* por baixo, para soltar a pegada do *uke*. O *tori* segura o pulso do *uke* e tenta segurar a sua nuca.
⑥-⑦ O *tori* segura a nuca do *uke* e faz um amplo giro para a direita, tirando o equilíbrio do *uke*.
⑧ O *tori* traz a cabeça do *uke* para junto do ombro direito.
⑨ O *tori* dá um passo com o pé direito e corta para baixo, finalizando o arremesso.

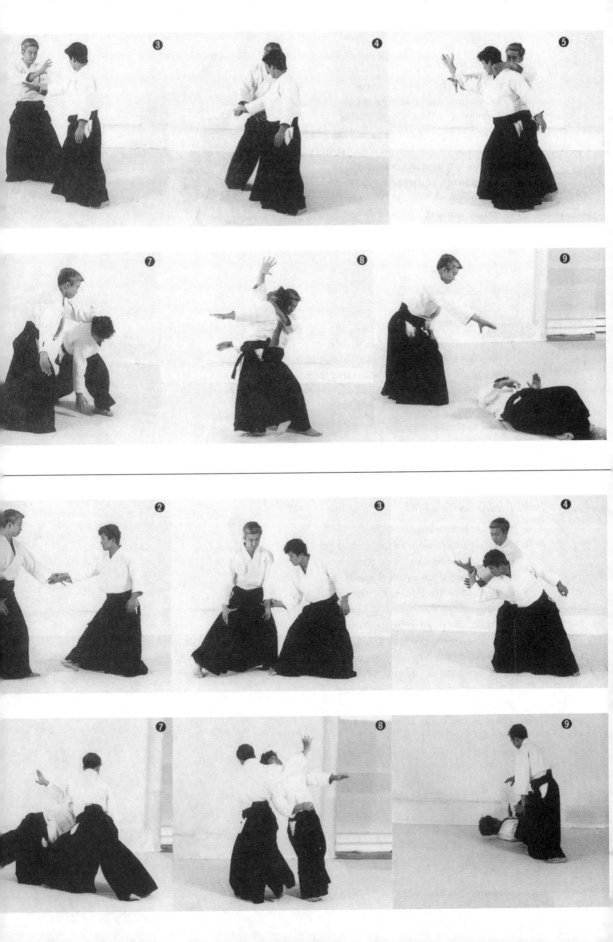

Tsuki Irimi-nage *(irimi)*

① Posicione-se em *hidari-ai-hanmi*.
② O *uke* dá um passo à frente com o pé direito e desfere um soco com a mão direita.
③ O *tori* avança para frente e para o lado direito do *uke*, usando o *tegataná* esquerdo para redirecionar o ataque.
④ O *tori* controla a cabeça do *uke* com o ombro direito.
⑤-⑦ O *tori* dá um largo passo à frente com o pé direito e corta para baixo com o braço direito, para finalizar o arremesso.

Quando você aplicar o arremesso, não conte somente com a força do seu braço. Use o movimento do seu corpo inteiro para tirar o equilíbrio do parceiro.

Tsuki Irimi-nage *(tenshin)*

① Posicione-se em *hidari-ai-hanmi*.
②-③ O *uke* dá um passo à frente com o pé direito para desferir um soco com a mão direita. O *tori* avança para frente com o pé direito e redireciona o ataque com a mão direita.
④ O *tori* dá um passo à frente com o pé esquerdo e avança por trás do *uke*.
⑤ O *tori* desliza para trás do *uke* com o pé direito e tira seu equilíbrio.
⑥ O *tori* controla a cabeça do *uke* com o ombro direito.
⑦-⑧ O *tori* dá um passo à frente com o pé direito enquanto corta para baixo com o braço direito, para finalizar o arremesso.

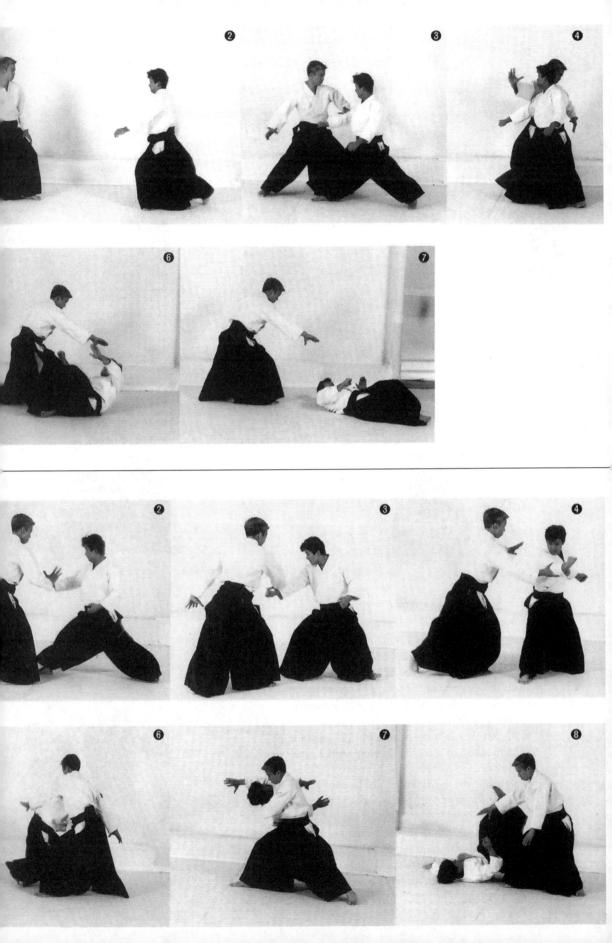

Ushiro Ryotekubi-dori Irimi-nage

① Posicione-se em *migi-ai-hanmi*.

②-④ A partir da frente, o *uke* move-se em torno e para trás do *tori* e segura ambos os pulsos do *tori*. Quando os pulsos são agarrados, o *tori* dá um passo à frente com o pé esquerdo.

⑤ O *tori* levanta ambas as mãos com um movimento amplo.

⑥ O *tori* dá um meio-passo para trás e para a esquerda com a perna esquerda e entra atrás do *uke*.

⑦-⑧ O *tori* então segura a nuca do *uke* com a mão esquerda, gira sobre o pé esquerdo e tira o equilíbrio do *uke*.

⑨-⑪ O *tori* leva a cabeça do *uke* para junto do seu ombro direito, controlando-o, e dá um passo à frente com o pé direito, enquanto corta para baixo com o braço direito para arremessá-lo.

2. SHIHO-NAGE

Yokomen-uchi Shiho-nage *(omote)*

① Posicione-se em *hidari-ai-hanmi*.
② O *uke* ataca com *yokomen* com o *tegataná* direito e o *tori* avança com o pé direito.
③-④ O *tori* avança para frente com o pé direito e gira para dentro, enquanto redireciona o ataque do *uke* e simultaneamente aplica um *atemi* no rosto do *uke* com o *tegataná* direito. O *tori* então corta para baixo o braço com que o *uke* está atacando.
⑤ O *tori* segura o pulso direito do *uke* com a mão direita, girando-o para longe do seu corpo.
⑥ O *tori* dá um passo largo à frente, segura o braço do *uke* com ambas as mãos e começa a girar sobre os dois pés.
⑦-⑧ O *tori* completa o giro e corta para baixo com ambas as mãos, enquanto dá um passo à frente com o pé direito para finalizar o arremesso.

O movimento visto de perto (⑦).

Nota: Use o dedo mínimo da sua mão direita para manter uma pegada forte e coloque a mão esquerda em cima para reforçar o controle do braço do parceiro; corte para baixo como se estivesse cortando com uma espada.

Yokomen-uchi Shiho-nage (ura)

① Posicione-se em *hidari-ai-hanmi*.
② O *uke* ataca com *yokomen* com o *tegataná* direito e o *tori* avança com o pé esquerdo para frente, pelo lado direito do *uke*.
③ O *tori* controla o ataque, usando o *tegataná* esquerdo para redirecioná-lo e o *tegataná* direito para aplicar um *atemi*.
④ O *tori* corta para baixo o braço com que o *uke* está atacando e segura seu pulso direito.
⑤ O *tori* gira sobre o pé esquerdo, enquanto segura o braço do *uke* com ambas as mãos.
⑥ O *tori* completa o giro.
⑦ O *tori* dá um passo à frente com o pé direito e corta para baixo para finalizar o arremesso.

Nas fotos ④ e ⑥ não puxe o braço do *uke*. Pelo contrário, use um giro completo do corpo para trazer o braço dele e, em seguida, dê um passo à frente para tirar seu equilíbrio.

O movimento visto de perto (⑥).

Nota: Cubra a mão direita com a mão esquerda e use o polegar e o indicador para segurar corretamente a mão do parceiro; segure ainda mais forte usando os dedos mínimos.

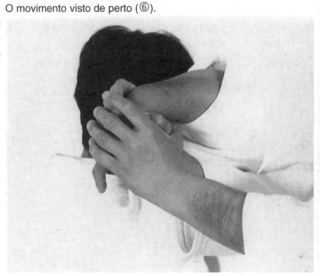

Ryote-dori Shiho-nage (omote)

① Posicione-se em *migi-ai-hanmi*.
② O *uke* dá um passo à frente e segura os pulsos do *tori*.
③ O *tori* segura o pulso direito do *uke*, enquanto dá um passo à frente com o pé direito.
④ O *tori* dá um passo à frente com o pé esquerdo, levantando as mãos acima da cabeça, e gira sobre os dois pés.
⑤-⑥ O *tori* completa o giro, segura o braço do *uke* com ambas as mãos, e corta para baixo enquanto dá um passo à frente com o pé direito.

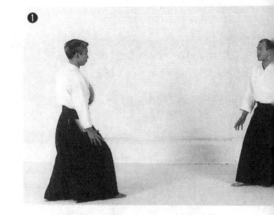

Ryote-dori Shiho-nage (ura)

① Posicione-se em *migi-gyaku-hanmi*.
② O *uke* dá um passo à frente e segura os pulsos do *tori*.
③ O *tori* dá um passo à frente com o pé direito, pelo lado esquerdo do *uke*.
④ O *tori* gira sobre o pé direito e segura o pulso esquerdo do *uke* com a mão direita.
⑤ O *tori* completa o giro e corta para baixo com ambas as mãos.
⑥-⑦ O *tori* dá um passo à frente com o pé esquerdo e finaliza o arremesso.

Hanmi-hantachi Katate-dori Shiho-nage *(omote)*

① O *uke* aproxima-se do *tori* pela diagonal esquerda.
② O *uke* segura o pulso esquerdo do *tori* com a mão direita.
③ O *tori* dá um passo à frente com o pé esquerdo e segura o pulso direito do *uke*.
④ O *tori* gira sobre os dois pés e corta para baixo.
⑤-⑥ O *tori* dá um passo à frente com o pé direito e finaliza o arremesso imobilizando o braço do *uke*.

Não puxe o braço do parceiro durante o arremesso. Faça um bom giro corporal usando os joelhos para dar mais eficiência à técnica.

Hanmi-hantachi Katate-dori Shiho-nage *(ura)*

① O *uke* aproxima-se do *tori* pela diagonal esquerda.
② O *uke* segura o pulso esquerdo do *tori* com a mão direita.
③-⑤ O *tori* dá um passo à frente com o pé esquerdo e segura o pulso direito do *uke* com a mão direita.
⑥ O *tori* gira sobre os dois pés e corta para baixo.
⑦-⑧ O *tori* desliza para frente e finaliza o arremesso imobilizando o braço do *uke*.

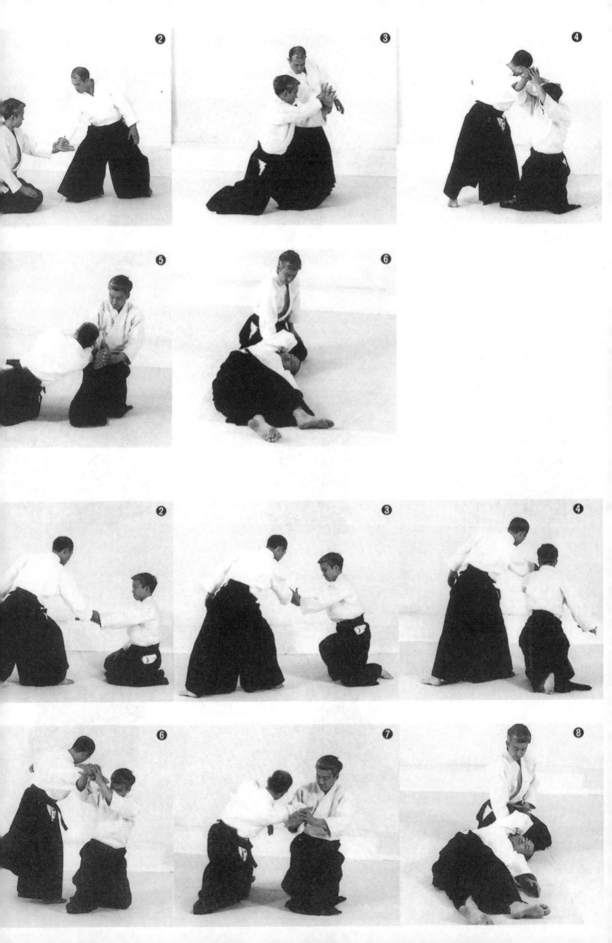

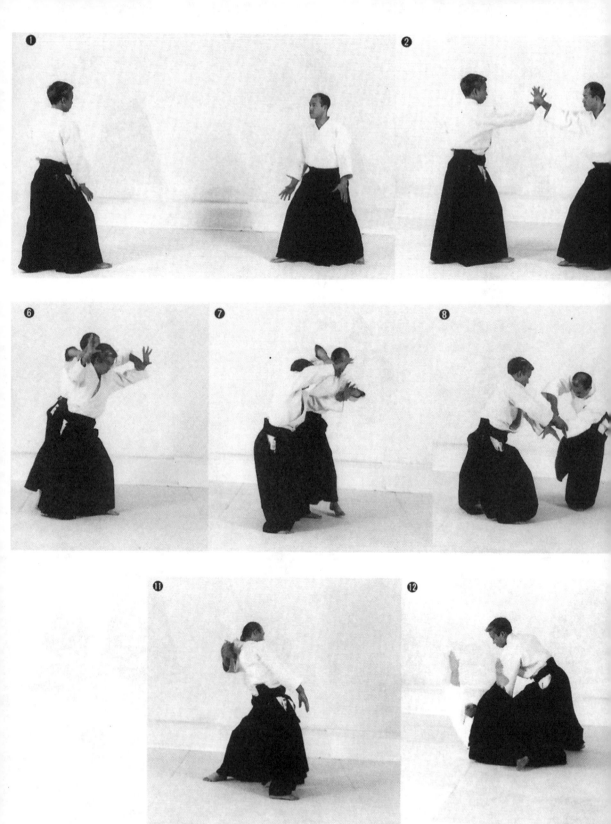

Ushiro Ryotekubi-dori Shiho-nage *(omote)*

① Posicione-se em *migi-ai-hanmi*.
②-⑤ O *uke* aproxima-se do *tori* pela frente, corta para baixo o pulso direito do *tori* com o *tegataná* direito, move-se para trás do *tori* e segura os pulsos dele. Quando seus pulsos são agarrados, o *tori* dá um passo à frente com o pé esquerdo.
⑥-⑦ O *tori* levanta os braços para cima.
⑧ O *tori* dá um passo para trás com o pé esquerdo, enquanto leva as mãos para baixo.
⑨ O *tori* segura o pulso esquerdo do *uke* com ambas as mãos.
⑩ O *tori* dá um passo à frente com o pé direito e suspende o braço do *uke*.
⑪ O *tori* gira sobre os dois pés e corta para baixo.
⑫ O *tori* dá um passo à frente e imobiliza o *uke* no chão.

Nas fotos ⑤-⑥ não use somente os braços. Mantenha os braços perto do corpo, abra bem os dedos e mantenha-se centrado.

Nas fotos ⑦-⑧, use o seu movimento corporal para trás para tirar o equilíbrio do *uke*.

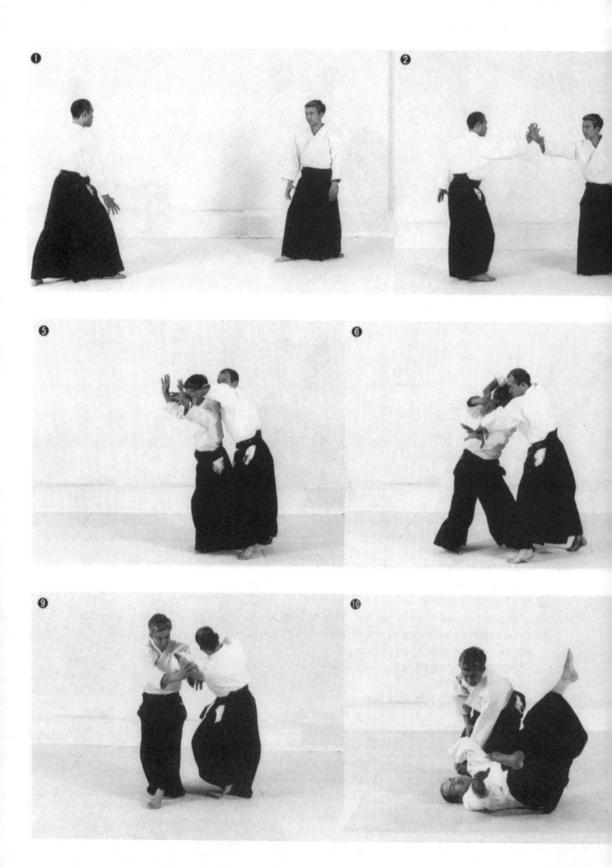

Ushiro Ryotekubi-dori Shiho-nage *(ura)*

① Posicione-se em *migi-ai-hanmi*.
②-④ O *uke* aproxima-se do *tori* pela frente, corta para baixo o pulso direito do *tori* com o *tegataná* direito, move-se para trás do *tori* e segura os pulsos dele. Quando seus pulsos são agarrados, o *tori* dá um passo à frente com o pé esquerdo.
⑤ O *tori* levanta os braços.
⑥-⑦ O *tori* dá um passo com o pé direito na direção do *uke* e segura o pulso esquerdo dele com ambas as mãos.
⑧ O *tori* avança para o lado esquerdo do *uke* com o pé direito e gira sobre os dois pés.
⑨ O *tori* completa o giro e corta para baixo.
⑩ O *tori* dá um passo à frente e finaliza o arremesso com a imobilização.

Tenchi-nage (omote)

3. TENCHI-NAGE

Esta técnica é chamada de *tenchi* (céu e terra) *nage* porque as mãos são estendidas para cima e para baixo, para arremessar o parceiro. Para executar a *tenchi-nage* corretamente, você deve abrir os dedos, unificar a mente, o *ki* e o corpo, para manifestar a força da sua respiração, e estender os braços como se estivesse perfurando o céu e a terra.

Tenchi-nage (omote)

① Posicione-se em *migi-ai-hanmi*.
② Assim que o *uke* segura os pulsos do *tori*, o *tori* começa a levantar o *tegataná* direito para cima, em direção ao céu, e o *tegataná* esquerdo para baixo, em direção à terra.
③ O *tori* entra pelo lado direito do *uke*.
④-⑤ O *tori* dá um passo largo à frente com o pé direito e arremessa o *uke* para frente.

Tenchi-nage (ura)

Tenchi-nage (ura)

①-③ Posicione-se em *migi-ai-hanmi*. Quando o *uke* segura os pulsos do *tori*, o *tori* dá um passo à frente com o pé esquerdo, pelo lado direito do *uke*, e gira, abrindo-se.
④ O *tegataná* direito é estendido para cima e o *tegataná* esquerdo é estendido para baixo.
⑤-⑥ O *tori* dá um passo largo à frente com o pé direito e arremessa o *uke* para frente.

Para arremessar com os *tegataná*, abra bem os dedos e concentre a força nos dedos mínimos. Faça com que o *uke* abra bem os braços para fora e tire o equilíbrio dele. Dê um passo largo à frente e arremesse-o.

93

4. KAITEN-NAGE

Dizem que os movimentos do Aikido lembram os movimentos circulares de uma esfera. O *kaiten-nage*, em particular, é baseado no princípio da rotação ininterrupta. Quando você dá um passo para "dentro" do parceiro, a técnica é chamada de *uchi-kaiten*, e quando você dá um passo para "fora" do parceiro, é chamada de *soto-kaiten*.

Katate-dori Kaiten-nage (uchi-kaiten)

① Posicione-se em *migi-gyaku-hanmi*.
② O *uke* segura o pulso direito do *tori* com a mão esquerda.
③ O *tori* dá um passo à frente com o pé direito e aplica um *atemi* no rosto do *uke* com a mão esquerda.
④ O *tori* dá um passo largo para dentro com o pé esquerdo e gira.
⑤ O *tori* dá um passo largo para trás com o pé direito, enquanto corta profundamente para baixo com o *tegataná* direito.
⑥ O *tori* segura o pulso esquerdo do *uke* com a mão direita e pressiona para baixo a cabeça do *uke* com a mão esquerda, como mostra a foto.
⑦-⑧ O *tori* dá um passo largo para frente com o pé direito e arremessa o *uke* para frente.

Katate-dori Kaiten-nage (soto-kaiten)

① Posicione-se em *migi-gyaku-hanmi*.
② O *uke* segura o pulso direito do *tori* com a mão esquerda.
③ O *tori* dá um passo à frente com o pé direito para o lado esquerdo do *uke*, e aplica um *atemi* com a mão esquerda.
④-⑤ O *tori* corta com o *tegataná* direito e gira usando a perna direita como apoio.
⑥ O *tori* dá um passo largo para trás com o pé direito, enquanto corta para baixo com o *tegataná* direito.
⑦ O *tori* segura o pulso esquerdo do *uke* com a mão direita e pressiona para baixo a cabeça do *uke* com a mão esquerda.
⑧-⑨ O *tori* dá um passo largo à frente com o pé direito e arremessa o *uke* para frente.

Tsuki Kaiten-nage

① Posicione-se em *hidari-ai-hanmi*.
② O *uke* dá um passo à frente com o pé direito e desfere um soco com o punho direito. O *tori* desliza para frente com o pé esquerdo e redireciona o ataque com o *tegataná* esquerdo.
③ O *tori* usa o *tegataná* esquerdo para cortar o braço direito do *uke*.
④-⑤ O *tori* segura o pulso direito do *uke* com a mão esquerda e pressiona para baixo a cabeça do *uke* com a mão direita.
⑥-⑧ O *tori* dá um passo largo à frente com o pé esquerdo e arremessa o *uke* para frente.

Imediatamente após tirar o equilíbrio do *uke* pressione com força a base do crânio dele; dê um passo largo para frente para arremessá-lo, movimento comum a muitas técnicas de Aikido.

Ushiro Ryotekubi-dori Kaiten-nage

① Posicione-se em *migi-ai-hanmi*.
②-④ O *uke* aproxima-se pela frente e move-se para trás para segurar os pulsos do *tori* por trás. Quando seus pulsos são agarrados, o *tori* dá um passo largo à frente com o pé esquerdo.
⑤ O *tori* levanta ambos os braços.
⑥ O *tori* dá um passo para trás com o pé esquerdo, enquanto corta para baixo com ambas as mãos.
⑦ O *tori* segura o pulso direito do *uke* com a mão esquerda e pressiona a cabeça do *uke* com a mão direita.
⑧ O *tori* dá um passo largo à frente e arremessa o *uke* para frente.

97

TÉCNICAS COMBINADAS DE ARREMESSO E IMOBILIZAÇÃO (NAGE-KATAME WAZA)

A combinação de um arremesso e de uma imobilização, para finalizar, é uma das características mais distintivas do Aikido, um exemplo de austera beleza da arte. Após neutralizar um ataque com *irimi* e um bom movimento corporal, o oponente é imobilizado com firmeza no chão, com o rosto voltado para baixo, por um tipo de chave nas articulações. *Kote-gaeshi* é a peça central dessas técnicas.

1. *KOTE-GAESHI*

Essa é a mais representativa das técnicas de arremesso com imobilização. Segura-se a mão do parceiro assim como em *tekubi kansetsu junan ho*. Quando torcer o pulso do parceiro para levá-lo ao chão, é importante que você utilize uma boa entrada, um giro completo e um movimento corporal preciso para executar o arremesso, porque uma simples torção no pulso não surtirá efeito. Após o arremesso, sempre imobilize o parceiro no chão, com o rosto voltado para baixo.

Shomen-uchi Kote-gaeshi

① Posicione-se em *migi-ai-hanmi*.

②-③ O *uke* avança e ataca com *shomen* usando o *tegataná* direito. O *tori* dá um passo à frente pelo lado direito do *uke* e controla o cotovelo direito do *uke* com o *tegataná* esquerdo.

④ Com a mão esquerda, o *tori* aplica a chave de *kote-gaeshi* na mão direita do *uke* e continua o giro.

⑤ Continuando a aplicar a chave de *kote-gaeshi*, o *tori* dá um passo para trás com o pé esquerdo.

⑥-⑧ O *tori* aplica a chave de *kote-gaeshi* com ambas as mãos, avança para frente com o pé direito e corta para baixo.

⑨-⑩ O *tori* controla o cotovelo direito do *uke* com a mão direita, pressionando para baixo até que o *uke* gire e fique posicionado no chão, com o rosto voltado para baixo.

⑪ O *tori* aplica a imobilização no ombro do *uke*, como mostra a foto.

Nota: Ao aplicar a chave de *kote-gaeshi*, sempre deixe o cotovelo do lado de fora do cotovelo do parceiro (detalhe ④). A chave de *kote-gaeshi* é aplicada com o polegar colocado na parte externa da mão, entre os dedos anular e médio (detalhe ⑥).

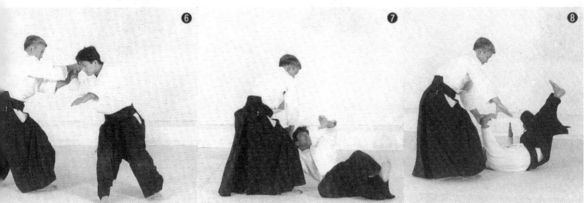

Detalhe da foto ④.

Detalhe da foto ⑥.

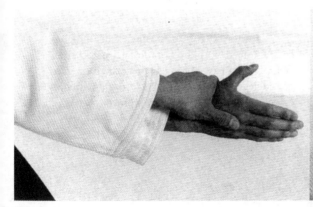

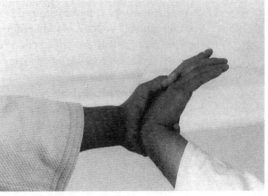

Yokomen-uchi Kote-gaeshi

① Posicione-se em *hidari-ai-hanmi*.
② O *uke* avança para frente com o pé direito e ataca com *yokomen* com o *tegataná* direito.
③-④ O *tori* dá um passo à frente com o pé direito e gira para dentro, enquanto corta para baixo o braço com o qual o *uke* está atacando.
⑤ O *tori* dá um passo à frente com o pé esquerdo e gira sobre os dois pés, aplicando a chave de *kote-gaeshi* na mão direita do *uke*.
⑥ O *tori* dá um passo para a esquerda com o pé direito.
⑦ O *tori* aplica a torção de *kote-gaeshi* com ambas as mãos e arremessa o *uke* ao chão.
⑧-⑨ O *tori* segura o pulso do *uke* com a mão esquerda e pressiona para baixo o cotovelo direito do *uke* até que ele gira com o rosto voltado para baixo, junto ao chão.
⑩ O *tori* imobiliza o ombro do *uke*, como mostra a foto.

Nas fotos ⑥ e ⑦, não conte exclusivamente com a torção do pulso para levar o parceiro ao chão. Dê um passo largo e use o corpo todo para dar eficiência ao arremesso. Na foto ⑩ mantenha o joelho direito travando o ombro do *uke* para imobilizá-lo.

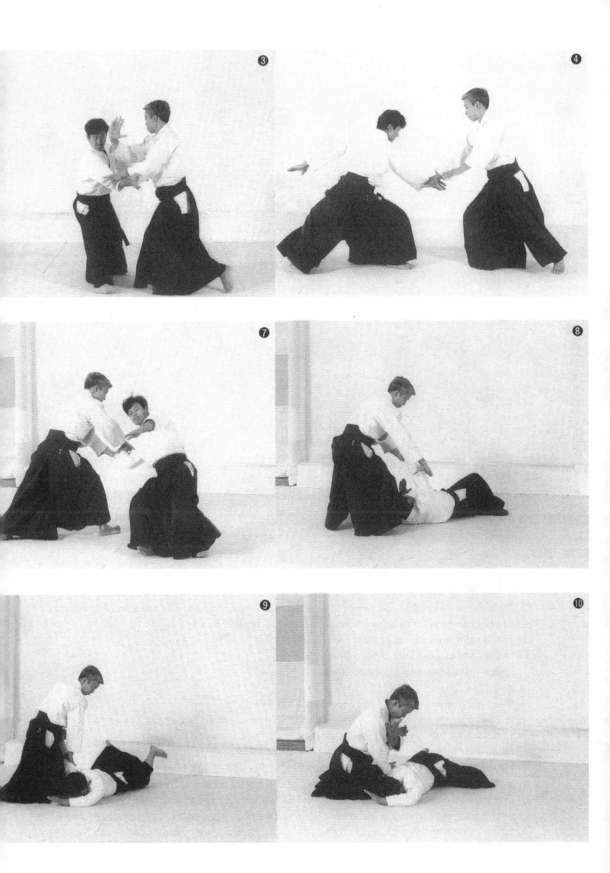

Tsuki Kote-gaeshi (irimi)

① Posicione-se em *hidari-ai-hanmi*.
② O *uke* dá um passo à frente com o pé direito para desferir um soco com o punho direito.
③ O *tori* avança pelo lado direito do *uke* e redireciona o ataque com o *tegataná* esquerdo.
④ O *tori* gira sobre o pé esquerdo e segura o pulso direito do *uke*.
⑤ O *tori* avança para a esquerda com o pé direito.
⑥-⑦ O *tori* aplica a chave de *kote-gaeshi* com ambas as mãos e arremessa o *uke*.
⑧-⑨ O *tori* controla o pulso e o cotovelo do *uke* e faz pressão para baixo até que o *uke* gire, ficando com o rosto voltado para baixo.
⑩ O *tori* usa uma técnica de imobilização no ombro do *uke*.

Nas fotos ⑧-⑨, pressione o cotovelo do parceiro contra a cabeça, mantendo a parte interna do corpo dele aberta e dificultando assim qualquer resistência. Assim você conseguirá fazê-lo girar, até ficar com o rosto voltado para baixo.

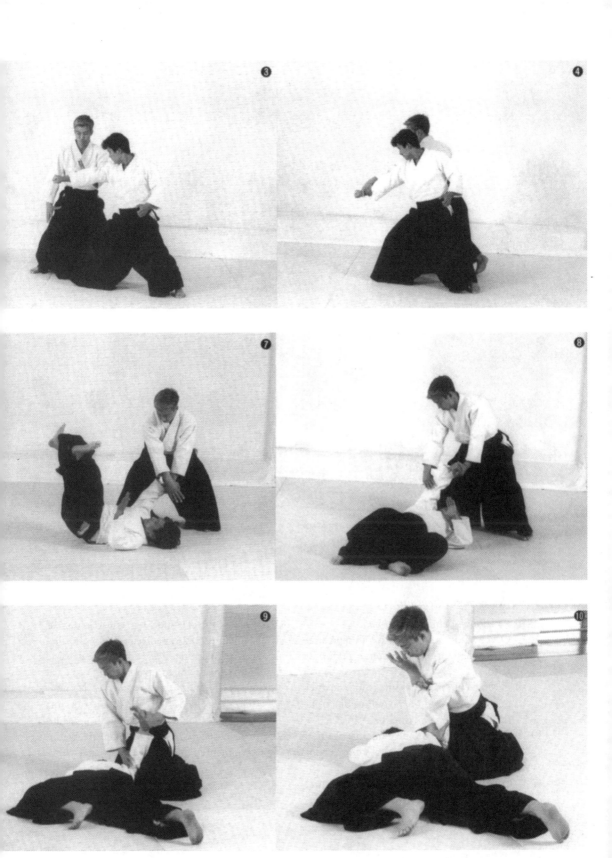

103

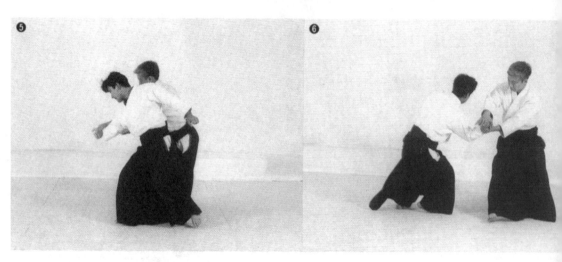

Tsuki Kote-gaeshi *(tenshin)*

① Posicione-se em *hidari-ai-hanmi*.

② O *uke* dá um passo à frente com o pé direito para desferir um soco com o punho direito.

③ O *tori* dá um passo à frente com o pé direito para "dentro" do *uke* e redireciona o ataque com o *tegataná* direito.

④-⑤ O *tori* avança com o pé esquerdo, segura o pulso direito do *uke* e gira sobre os dois pés.

⑥-⑦ O *tori* dá um passo à frente com o pé direito, enquanto aplica a chave de *kote-gaeshi* e arremessa o *uke*.

⑧-⑨ O *tori* controla o pulso e o cotovelo do *uke*, enquanto faz pressão para baixo em direção à cabeça do *uke* e o gira até deixá-lo com o rosto voltado para baixo.

⑩ O *tori* imobiliza o ombro do *uke*. Na imobilização, a mão esquerda é virada para cima e o braço esquerdo é preso com firmeza junto ao corpo do *tori*, a fim de controlar completamente o pulso e braço do *uke*.

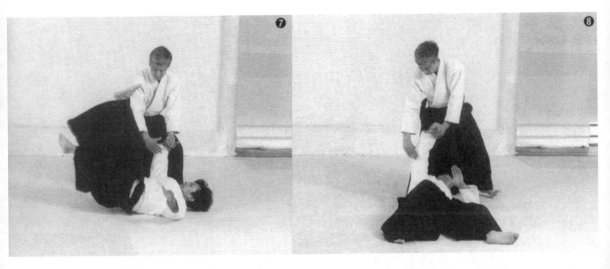

105

Katate-dori Kote-gaeshi (gyaku-hanmi)

① Posicione-se em *hidari-gyaku-hanmi*.
② Assim que o *uke* segura o pulso esquerdo do *tori*, o *tori* avança pelo lado direito do *uke*, enquanto corta para baixo com o *tegataná* direito, para soltar a pegada do *uke*.
③ O *tori* gira sobre o pé esquerdo e segura o pulso direito do *uke* com a mão esquerda.
④ O *tori* dá um passo para a esquerda e segura o pulso direito do *uke* com a mão esquerda.
⑤-⑥ O *tori* aplica a chave de *kote-gaeshi* com ambas as mãos e arremessa o *uke*.
⑦-⑧ O *tori* controla o pulso e o cotovelo do *uke*, fazendo pressão para baixo, em direção à cabeça do *uke*, e girando-o até que ele fique com o rosto voltado para baixo.
⑨-⑩ O *tori* aplica uma técnica de imobilização no ombro do *uke*.

107

Ushiro Ryotekubi-dori Kote-gaeshi

① Posicione-se em *migi-ai-hanmi*.
②-④ O *uke* aproxima-se pela frente e, em seguida, movimenta-se ao redor e para trás do *tori*, agarrando os pulsos dele por trás. Quando seus pulsos são agarrados, o *tori* dá um passo largo à frente com o pé esquerdo.
⑤ O *tori* levanta os braços.
⑥ O *tori* corta para baixo com ambas as mãos e segura o pulso esquerdo do *uke* com a mão direita.
⑦ O *tori* gira sobre o pé direito.
⑧-⑨ O *tori* desliza para a direita com o pé esquerdo, enquanto aplica a pegada de *kote-gaeshi*. O *tori* aplica a chave de *kote-gaeshi* no pulso esquerdo do *uke* com ambas as mãos e arremessa-o.
⑩-⑪ O *tori* controla o pulso e o cotovelo do *uke*, fazendo pressão para baixo em direção à cabeça dele, e finaliza imobilizando o ombro.

TÉCNICAS DE IMOBILIZAÇÃO (KATAME-WAZA)

Depois de neutralizar um ataque com *irimi* e com movimentos circulares, o parceiro pode ser controlado com uma chave de ombro, de braço ou de pulso. Aqui nós apresentaremos as chaves e imobilizações aplicadas contra *kata-dori* e *katate-dori*, nas formas de *omote* e *ura*.

1. DAI-IKKYO (UDE-OSAE) (IMOBILIZAÇÃO DO BRAÇO)

Katate-dori Dai-Ikkyo (gyaku-hanmi) (omote)

① Posicione-se em *hidari-gyaku-hanmi*.
②-③ O *uke* segura o pulso esquerdo do *tori* com a mão direita.
④ O *tori* aplica *atemi* no rosto do *uke* com o punho direito, enquanto dá um passo à frente com o pé direito.
⑤-⑦ O *tori* gira sobre o pé direito, enquanto corta para baixo o braço direito do *uke*.
⑧ O *tori* segura o pulso direito do *uke* com a mão direita.
⑨ O *tori* segura o cotovelo direito do *uke* com a mão esquerda.
⑩-⑪ O *tori* dá dois passos à frente, enquanto corta para baixo o braço do *uke*.
⑫-⑬ O *tori* controla o pulso e o cotovelo do *uke* como mostra a foto e imobiliza-o no chão, com o rosto voltado para baixo.

Katate-dori Dai-Ikkyo (gyaku-hanmi) (ura)

① Posicione-se em *hidari-gyaku-hanmi*.
② O *uke* segura o pulso esquerdo do *tori* com a mão direita.
③ O *tori* aplica um *atemi* no rosto do *uke* com o punho direito.
④ O *tori* dá um passo para fora, pelo lado direito do *uke*, enquanto corta para baixo o braço do *uke* com o *tegataná* direito.
⑤ O *tori* segura o pulso e o cotovelo direito do *uke* com a mão direita e controla o cotovelo do *uke* com a mão esquerda.
⑥ O *tori* dá um passo para trás do *uke* com o pé esquerdo.
⑦ O *tori* gira com o pé direito, enquanto corta para baixo o braço do *uke*.
⑧-⑨ O *tori* controla o pulso e o cotovelo do *uke* e imobiliza-o no chão, com o rosto voltado para baixo.

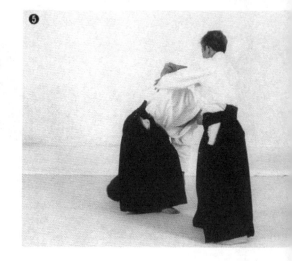

Nota: Quando estiver se movendo com o *tegataná* esquerdo, coloque o *tegataná* direito no cotovelo do parceiro, para se escorar e manter o controle do braço.

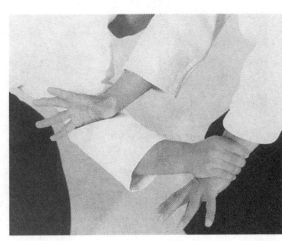

Detalhe da foto ④

Kata-dori Dai-Ikkyo *(omote)*

① Posicione-se em *hidari-gyaku-hanmi*.
② O *uke* segura o ombro esquerdo do *tori* com a mão direita.
③ O *tori* aplica *atemi* no rosto do *uke* com o punho direito.
④-⑤ O *tori* dá um passo à frente com o pé direito, enquanto corta para baixo o braço direito do *uke* com o *tegataná* direito.
⑥ O *tori* segura o pulso direito do *uke* com a mão direita.
⑦ O *tori* empurra o cotovelo direito do *uke* para cima com a mão esquerda.
⑧ O *tori* dá dois passos longos para frente, enquanto corta para baixo o braço do *uke*.
⑨-⑩ O *tori* controla o pulso e o cotovelo do *uke* e imobiliza-o no chão, com o rosto voltado para baixo.

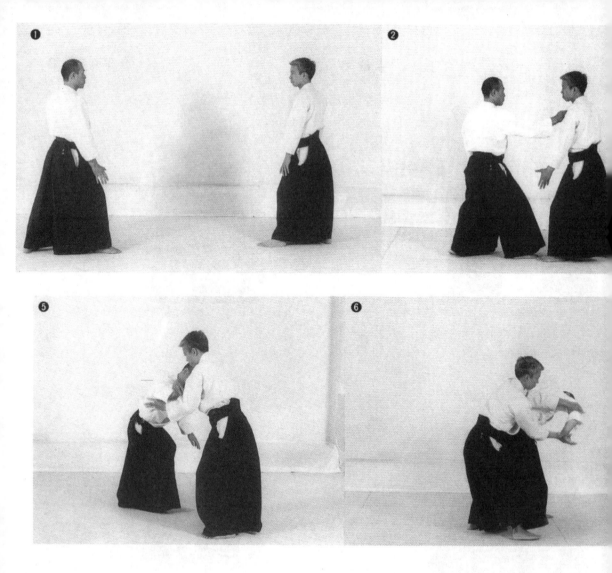

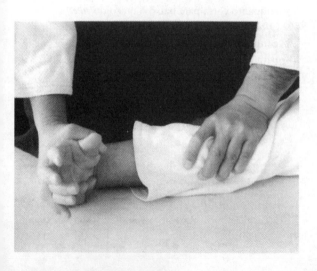

Nota: Imobilize o cotovelo do parceiro, aplicando pressão com o dedo mínimo da mão esquerda, e controle o pulso aplicando pressão com o dedo mínimo da mão direita. Torça o pulso para frente na direção mostrada na foto.

Kata-dori Dai-Ikkyo *(ura)*

① Posicione-se em *hidari-gyaku-hanmi*.
② O *uke* segura o ombro esquerdo do *tori* com a mão direita.
③ O *tori* aplica *atemi* no rosto do *uke* com o punho direito.
④ O *tori* dá um passo para fora, pelo lado direito do *uke*, enquanto corta para baixo o braço direito do *uke* com o *tegataná* direito.
⑤ O *tori* dá um passo para o lado direito do *uke*, enquanto controla o pulso direito do *uke* com a mão direita.
⑥ O *tori* segura o cotovelo direito do *uke* com a mão esquerda enquanto avança e gira sobre o pé esquerdo.
⑦-⑧ O *tori* controla o pulso e o cotovelo do *uke* e imobiliza-o no chão, com o rosto voltado para baixo.

Ushiro Ryotekubi-dori Dai-Ikkyo *(omote)*

① Posicione-se em *migi-ai-hanmi*.

②-④ O *uke* aproxima-se pela frente e, em seguida, movimenta-se ao redor e para trás do *tori*, segurando seus pulsos por trás. Quando seus pulsos são agarrados, o *tori* dá um passo largo à frente com o pé esquerdo.

⑤ O *tori* levanta os braços.

⑥-⑦ O *tori* dá um passo para trás com o pé esquerdo e corta para baixo com ambas as mãos.

⑧ O *tori* segura o cotovelo direito do *uke* com a mão esquerda e o pulso dele com a mão direita.

⑨-⑩ O *tori* dá um passo à frente, enquanto controla o pulso e o cotovelo do *uke* e imobiliza-o no chão, com o rosto voltado para baixo.

Em ⑦-⑧, mantenha uma pegada firme no cotovelo do parceiro, enquanto torce a mão para livrar-se da pegada dele; só então segure com firmeza o pulso do parceiro.

Ushiro Ryotekubi-dori Dai-Ikkyo (ura)

① Posicione-se em *migi-ai-hanmi*.
②-⑤ O *uke* aproxima-se pela frente e, em seguida, movimenta-se ao redor e para trás do *tori*, segurando seus pulsos por trás. Quando seus pulsos são agarrados, o *tori* dá um passo largo à frente com o pé esquerdo.
⑥ O *tori* levanta os braços para cima.
⑦ O *tori* dá um passo para trás com o pé esquerdo e corta para baixo com ambas as mãos.
⑧ O *tori* segura o cotovelo e o pulso do *uke*.
⑨-⑩ O *tori* dá um passo para trás do *uke* com o pé esquerdo e gira sobre os dois pés.
⑪ O *tori* controla o pulso e o cotovelo do *uke* e imobiliza-o no chão, com o rosto voltado para baixo.

2. *DAI-NIKYO (KOTE-MAWASHI)* (TORÇÃO DO PULSO)

A imobilização de *dai-nikyo* é utilizada para desenvolver a flexibilidade do ombro, do cotovelo e especialmente do pulso. Ambas as versões dessa imobilização, *omote* e *ura*, têm diversas variações.

Shomen-uchi Dai-Nikyo (omote)

① Posicione-se em *migi-ai-hanmi*.
② Quando o *uke* avança para atacar com *shomen* usando o *tegataná* direito, o *tori* dá um meio-passo à frente com o pé direito e redireciona o ataque com ambos os *tegataná*.
③ O *tori* dá um passo largo à frente com o pé esquerdo, enquanto corta para baixo o braço direito do *uke* com ambas as mãos.
④ O *tori* segura o cotovelo direito do *uke* com a mão esquerda e torce a mão direita para segurar o pulso direito do *uke* e a parte externa da sua mão.

⑤-⑥ O *tori* dá um passo à frente e leva o *uke* ao chão.

⑦ O *tori* aplica a imobilização de *nikyo* no ombro, no cotovelo e no pulso direitos do *uke*, pressionando o braço do parceiro em direção à cabeça.

Detalhe da foto ⑦ de um ângulo diferente.

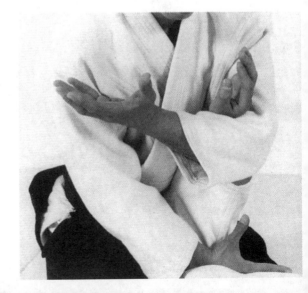

Nota: Na imobilização de *nikyo*, a palma da mão esquerda deve ficar voltada para cima, junto ao pulso do parceiro e o *tegataná* direito deve controlar o cotovelo dele firmemente contra o seu corpo.

Shomen-uchi Dai-Nikyo *(ura)*

① Posicione-se em *migi-ai-hanmi*.
② O *uke* avança para atacar com *shomen* usando o *tegataná* direito.
③ O *tori* dá um passo à frente com o pé esquerdo, pelo lado direito do *uke*, e controla o braço que está atacando com ambos os *tegataná*.
④-⑤ O *tori* gira sobre o pé esquerdo, enquanto corta para baixo o braço do *uke* e torce a mão direita.
⑥ O *tori* segura o pulso direito do *uke* e a parte de trás da sua mão.
⑦-⑨ O *tori* segura o cotovelo direito do *uke* com a mão esquerda e aplica a chave de *nikyo* no pulso direito do *uke*, com a mão direita.
⑩ O *tori* pressiona para baixo o ombro do *uke*, desce até o chão e gira sobre o joelho esquerdo, levando o *uke* ao chão, com o rosto voltado para baixo.
⑪ O *tori* aplica a imobilização de *nikyo* no braço direito do *uke*.

Nota: Segure e controle o cotovelo do parceiro de baixo para cima. Segure o pulso dele firmemente entre o polegar e o dedo mínimo.

Detalhe da foto ⑦, de um ângulo diferente.

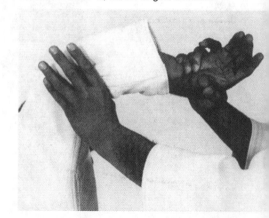

Kata-dori Dai-Nikyo (suwari-waza) **(sentado)** *(omote)*

①-② O *uke* desliza para frente para segurar o ombro esquerdo do *tori* com a mão direita.

③ O *tori* aplica um *atemi* no rosto do *uke* com o punho direito.

④-⑤ O *tori* desliza para frente com o joelho direito, enquanto corta para baixo o braço direito do *uke* com o *tegataná* direito.

⑥-⑦ O *tori* segura o pulso direito do *uke* com a mão direita e empurra para cima o cotovelo direito do *uke* com a mão esquerda.

⑧-⑨ O *tori* avança com os joelhos e conduz o *uke* ao chão, com o rosto voltado para baixo.

⑩-⑪ O *tori* aplica a chave de *nikyo*.

Kata-dori Dai-Nikyo (suwari-waza) (sentado) *(ura)*

①-② O *uke* desliza para frente para segurar o ombro esquerdo do *tori* com a mão direita.

③ O *tori* aplica um *atemi* no rosto do *uke* com o punho direito.

④-⑤ O *tori* desliza para a esquerda, enquanto corta para baixo o braço do *uke* com o *tegataná* direito.

⑥-⑧ O *tori* segura o pulso direito do *uke* com a mão direita e gira sobre o joelho esquerdo, enquanto pressiona o cotovelo direito do *uke* com a mão esquerda.

⑨-⑪ O *tori* aplica a chave de *nikyo* no pulso direito, na parte externa da mão e no cotovelo do *uke*.

⑫-⑬ O *tori* desliza para trás com o joelho esquerdo, enquanto pressiona para baixo o cotovelo do *uke,* levando-o ao chão, com o rosto voltado para baixo.

⑭ O *tori* aplica a imobilização de *nikyo*.

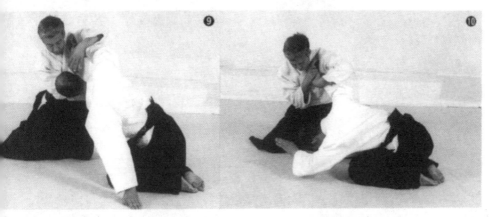

Detalhe da foto ⑪, vista de outro ângulo.

Nota: Use a mão direita para torcer o pulso e a parte externa da mão do parceiro, enquanto mantém o braço direito junto ao próprio corpo. Aplique mais pressão a partir de cima, com a mão esquerda.

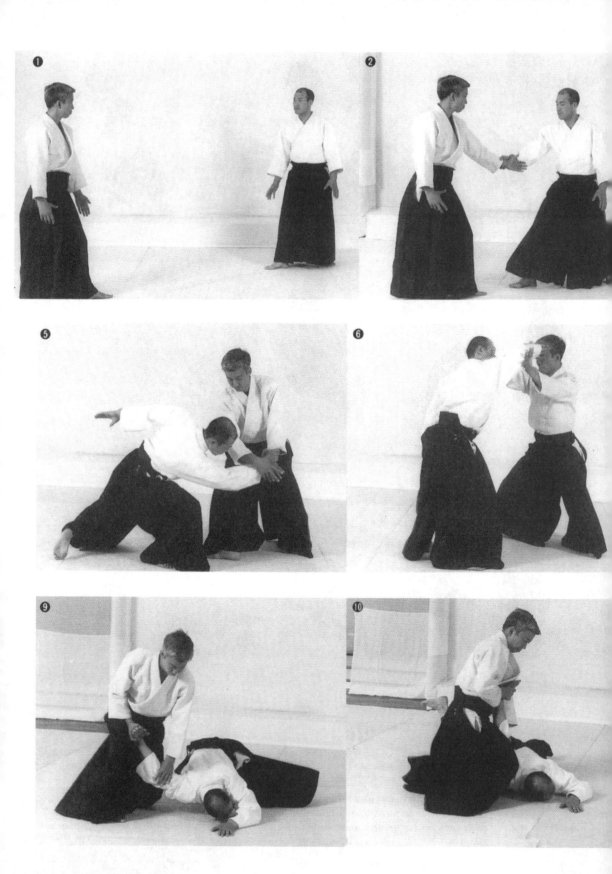

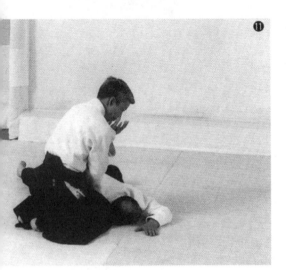

Katate-dori Dai-Nikyo (gyaku-hanmi) (omote)

① Posicione-se em *hidari-gyaku-hanmi*.
② O *uke* segura o pulso esquerdo do *tori* com a mão direita.
③ O *tori* aplica um *atemi* no rosto do *uke* com o punho direito, enquanto dá um passo à frente com o pé direito.
④-⑤ O *tori* gira sobre o pé direito, enquanto corta o braço direito do *uke* para baixo, com o *tegataná* direito.
⑥ O *tori* segura o pulso direito do *uke* com a mão direita e empurra para cima o cotovelo direito do *uke* com a mão esquerda.
⑦-⑨ O *tori* dá dois passos largos à frente, enquanto pressiona para baixo o cotovelo do *uke*, levando-o ao chão, com o rosto voltado para baixo.
⑩-⑪ O *tori* aplica a chave de *nikyo* no braço direito do *uke*.

Katate-dori Dai-Nikyo (gyaku-hanmi)

(ura)

① Posicione-se em *gyaku-hanmi*.
② O *uke* segura o pulso esquerdo do *tori* com a mão direita.
③ O *tori* aplica um *atemi* no rosto do *uke* com o punho direito.
④ O *tori* dá um passo para a esquerda, enquanto corta para baixo o braço direito do *uke* com o *tegataná* direito.
⑤ O *tori* segura o pulso direito do *uke* com a mão direita e usa a mão esquerda para controlar o cotovelo direito do *uke*.
⑥-⑦ O *tori* avança com o pé esquerdo e desliza com o pé direito enquanto corta para baixo o braço do *uke*.
⑧-⑨ O *tori* aplica a chave de *nikyo* no pulso direito, na parte externa da mão e no cotovelo do *uke*.
⑩-⑪ O *tori* pressiona o cotovelo direito do *uke* com a mão esquerda, enquanto gira sobre o pé esquerdo e leva o parceiro ao chão, com o rosto voltado para baixo.
⑫ O *tori* aplica a imobilização de *nikyo* no ombro do *uke*.

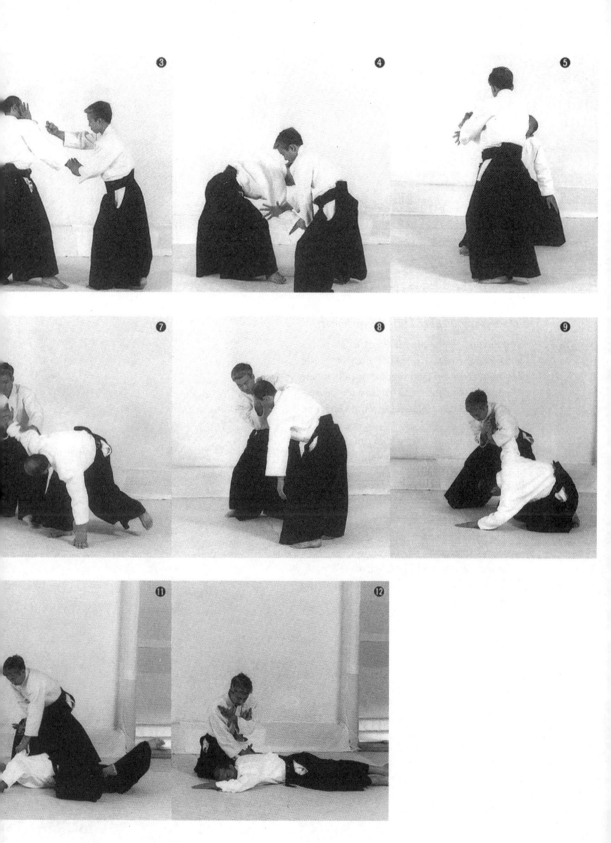

Ushiro Ryotekubi-dori Dai-Nikyo *(omote)*

① Posicione-se em *migi-ai-hanmi*.
②-⑤ O *uke* aproxima-se pela frente e move-se para trás do *tori* para segurar os pulsos dele por trás. Quando seus pulsos são agarrados, o *tori* dá um passo à frente com o pé esquerdo.
⑥-⑦ O *tori* levanta os braços e dá um passo para trás com o pé esquerdo, enquanto corta para baixo com as mãos.
⑧ O *tori* segura o pulso direito do *uke* com a mão direita e o cotovelo direito dele com a mão esquerda.
⑨-⑪ O *tori* dá um passo à frente e pressiona para baixo o braço do *uke*, levando-o ao chão, com o rosto voltado para baixo.
⑫ O *tori* aplica a imobilização de *nikyo* no braço direito do *uke*.

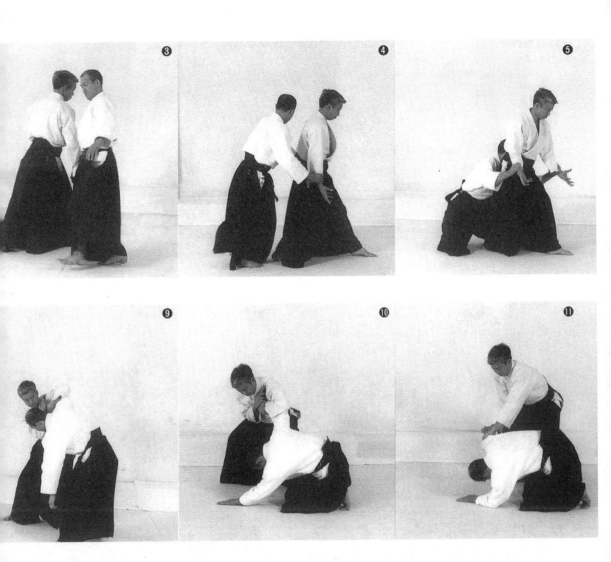

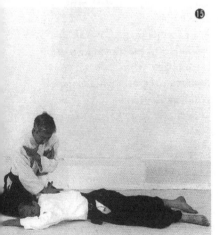

Ushiro Ryotekubi-dori Dai-Nikyo (ura)

① Posicione-se em *migi-ai-hanmi*.

②-⑤ O *uke* aproxima-se pela frente e move-se para trás do *tori* para segurar os pulsos dele por trás. Quando seus pulsos são agarrados, o *tori* dá um passo à frente com o pé esquerdo.

⑥-⑦ O *tori* levanta os braços e dá um passo para trás com o pé esquerdo, enquanto corta para baixo com ambas as mãos.

⑧ O *tori* segura o pulso direito do *uke* com a mão direita e o cotovelo direito dele com a mão esquerda, enquanto avança com o pé esquerdo.

⑨-⑩ O *tori* traz o pulso direito e a parte externa da mão do *uke* para o seu ombro esquerdo e aplica a chave de *nikyo*.

⑪-⑫ O *tori* pressiona para baixo o cotovelo direito do *uke* e, enquanto gira sobre o pé esquerdo, leva o *uke* ao chão, com o rosto voltado para baixo.

⑬-⑮ O *tori* aplica a imobilização de *nikyo* no ombro direito do *uke*, como mostra a foto.

3. *DAI-SANKYO (KOTE-HINERI)* (TORÇÃO DO PULSO)

A chave e a imobilização de *dai-sankyo* aplicam pressão no ombro, no cotovelo e no pulso de forma diferente de *dai-nikyo*, e são executadas seguindo os princípios de *dai-ikkyo*. Perceba a diferença entre as imobilizações e as finalizações de *dai-nikyo* e *dai-sankyo*.

Shomen-uchi Dai-Sankyo (suwari-waza) (sentado) *(omote)*

① Sente-se em *seiza*.
② O *uke* avança para atacar com *shomen* usando o *tegataná* direito.
③ O *tori* desliza para frente com o joelho da frente e redireciona o ataque com os *tegataná*.
④-⑤ O *tori* corta para baixo o braço do *uke* com ambos os *tegataná* e segura a parte externa da mão direita dele.
⑥ O *tori* aplica a chave de *sankyo* e levanta o braço do *uke*.
⑦-⑨ O *tori* dá um passo à frente com o joelho direito e usa a mão direita para pressionar o cotovelo direito do *uke*, levando-o ao chão, com o rosto voltado para baixo.
⑩-⑪ O *tori* aplica a imobilização de *sankyo,* como mostra a foto.

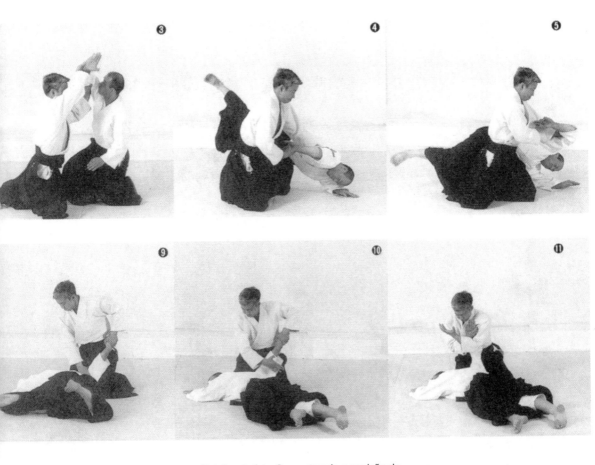

| Detalhe da foto ⑥. | Detalhe da foto ⑦, mostrando a posição da mão esquerda. | Detalhe da foto ⑧. |

Nota: Certifique-se de segurar firmemente com o dedo mínimo quando aplicar a chave de *sankyo*, e torça a mão do parceiro como mostram as fotos (⑥-⑧).

Shomen-uchi Dai-Sankyo *(suwari-waza)* (sentado)
(ura)

① Sente-se em *seiza*.
② O *uke* avança para atacar com *shomen* usando o *tegataná* direito.
③ O *tori* desliza para frente com o joelho esquerdo pelo lado direito do *uke* e controla o ataque com os *tegataná*.
④ O *tori* gira sobre o joelho esquerdo e tira o equilíbrio do *uke*.
⑤ O *tori* aplica a chave de *sankyo* no pulso e na parte externa da mão direita do *uke*.
⑥-⑦ O *tori* continua a girar, enquanto pressiona o cotovelo do *uke* para baixo, levando-o ao chão, com o rosto voltado para baixo.
⑧-⑨ O *tori* aplica a imobilização de *sankyo* no braço direito do *uke*.

Nota: Aplique forte pressão na parte externa da mão do parceiro com a mão direita e mantenha a palma esquerda da sua mão para cima, bem junto ao cotovelo dele, para controlá-lo completamente.

Detalhe da foto ⑨.

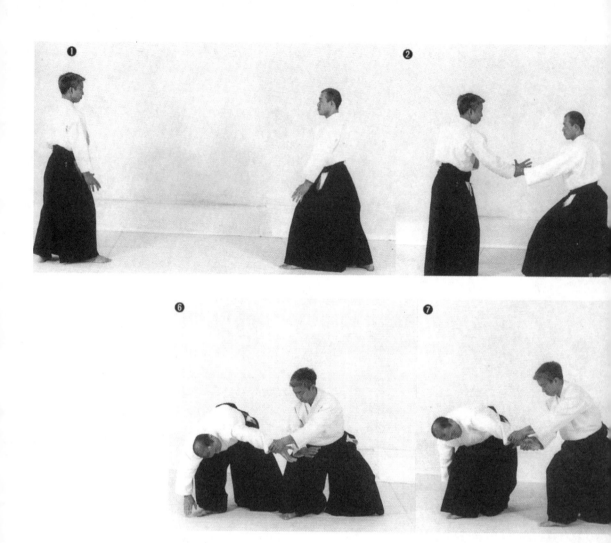

Katate-dori Dai-Sankyo *(gyaku-hanmi)*
(omote: uchi-kaiten)

① Posicione-se em *migi-gyaku-hanmi*.
② O *uke* segura o pulso direito do *tori* com a mão esquerda.
③ O *tori* aplica *atemi* no rosto do *uke* com o punho esquerdo, enquanto dá um passo à frente com o pé direito.
④-⑤ O *tori* avança com o pé esquerdo, gira e corta para baixo com o *tegataná* direito.
⑥-⑦ O *tori* se solta da pegada do *uke*, segura o pulso e a parte externa da mão esquerda do *uke* com a mão esquerda, e aplica a chave de *sankyo*.
⑧ O *tori* dá um passo para fora e para a esquerda, enquanto pressiona para baixo o cotovelo esquerdo do *uke*.
⑨-⑩ O *tori* leva o *uke* ao chão, com o rosto voltado para baixo.
⑪ O *tori* aplica a imobilização de *sankyo* no ombro esquerdo do *uke*.

143

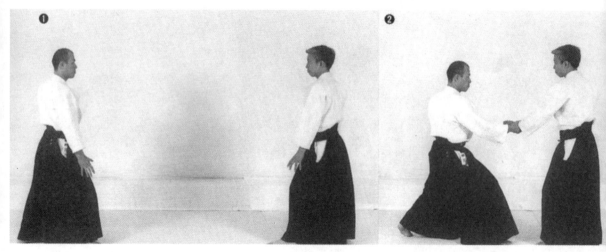
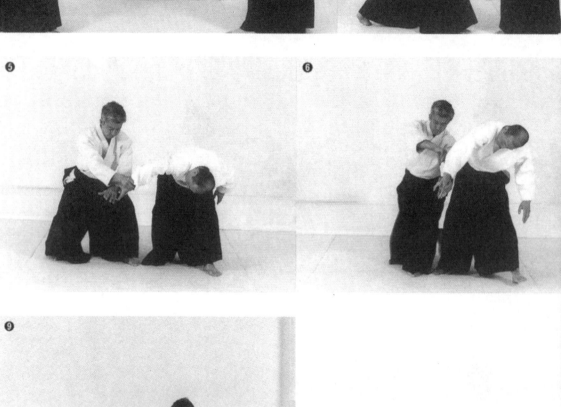

Katate-dori Dai-Sankyo (gyaku-hanmi)
(ura: uchi-kaiten)

① Posicione-se em *hidari-gyaku-hanmi*.
② O *uke* segura o pulso esquerdo do *tori* com a mão direita.
③ O *tori* aplica *atemi* no rosto do *uke* com o punho direito, enquanto dá um passo à frente com o pé esquerdo.
④ O *tori* avança com o pé direito e gira, enquanto corta para baixo com o *tegataná* esquerdo.
⑤ O *tori* se solta da pegada do *uke* e segura o pulso e a parte externa da mão direita dele com a mão direita.
⑥-⑦ O *tori* aplica a chave de *sankyo* na mão direita do *uke* e gira deslizando com o pé direito, enquanto pressiona para baixo o cotovelo direito do *uke*.
⑧ O *tori* leva o *uke* ao chão, com o rosto voltado para baixo.
⑨ O *tori* aplica a imobilização de *sankyo* no braço direito do *uke*.

Ushiro Ryotekubi-dori Dai-Sankyo *(omote)*

① Posicione-se em *migi-ai-hanmi*.

②-⑤ O *uke* aproxima-se pela frente e move-se até as costas do *tori* para agarrar seus pulsos por trás. Quando os pulsos do *tori* são agarrados, ele dá um passo à frente com o pé esquerdo.

⑥ O *tori* levanta os braços.

⑦ O *tori* dá um passo para trás com o pé esquerdo, enquanto corta para baixo com ambas as mãos.

⑧ O *tori* se solta da pegada do *uke* e segura o pulso e a parte externa da mão direita dele com a mão esquerda.

⑨-⑩ O *tori* aplica a chave de *sankyo* na mão direita do *uke*, enquanto dá um passo à frente com o pé direito e pressiona para baixo o cotovelo do *uke*.

⑪-⑫ O *tori* leva o *uke* ao chão, com o rosto voltado para baixo.

⑬ O *tori* aplica a imobilização de *sankyo* no ombro direito do *uke*.

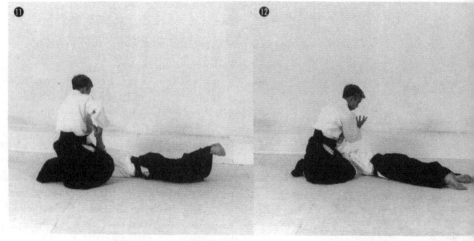

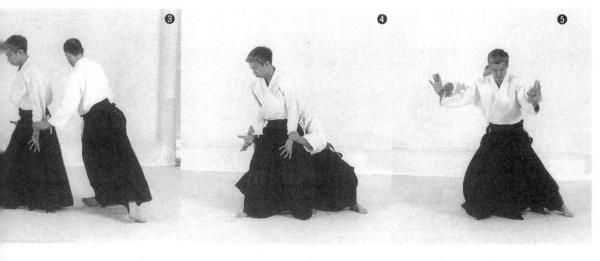

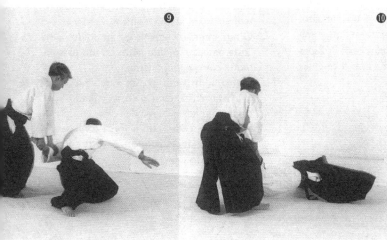

Detalhe da foto ⑫ de um ângulo diferente.

Ushiro Ryotekubi-dori Dai-Sankyo (ura)

① Posicione-se em *hidari-ai-hanmi*.
②-④ O *uke* aproxima-se pela frente e move-se até as costas do *uke* para agarrar seus pulsos por trás. Quando os pulsos do *tori* são agarrados, ele dá um passo à frente com o pé direito.
⑤ O *tori* levanta ambos os braços.
⑥ O *tori* dá um passo para trás com o pé direito e corta para baixo com ambas as mãos.
⑦ O *tori* se solta da pegada do *uke* e segura o pulso e a parte externa da mão esquerda dele com a mão direita.
⑧-⑨ O *tori* gira para trás, enquanto aplica a chave de *sankyo* na mão esquerda do *uke* com a mão direita, pressionando o cotovelo esquerdo do *uke* para baixo.
⑩-⑪ O *tori* leva o *uke* ao chão, com o rosto voltado para baixo.
⑫ O *tori* aplica a imobilização de *sankyo* no braço esquerdo do *uke*.

149

4. *DAI-YONKYO (TEKUBI-OSAE)* (TORÇÃO DO PULSO)

A execução de *Dai-yonkyo* é semelhante à de *dai-ikkyo*; o único acréscimo é a aplicação da forte pressão nos pontos vitais do pulso do parceiro. *Dai-yonkyo* não é na verdade uma chave, mas uma forma diferente de controlar o parceiro. Pressões na artéria são aplicadas em diferentes locais nas variações de *omote* e *ura*.

Shomen-uchi Dai-Yonkyo (omote)

① Posicione-se em *migi-ai-hanmi*.
② Quando o *uke* avança para atacar com *shomen* usando o *tegataná* direito, o *tori* dá um meio-passo à frente com o pé direito e redireciona o ataque com os *tegataná*.
③ O *tori* segura o cotovelo e o pulso do *uke* e corta para baixo, enquanto dá um passo à frente com o pé esquerdo.
④-⑤ O *tori* dá mais dois passos à frente levando o *uke* ao chão, com o rosto voltado para baixo, e aplica a chave de *yonkyo* no pulso do *uke*, concentrando a força na base do dedo indicador e colocando forte pressão na artéria do *uke*.

Shomen-uchi Dai-Yonkyo (ura)

① Posicione-se em *migi-ai-hanmi*.
② Quando o *uke* avança para atacar com *shomen* usando o *tegataná* direito, o *tori* dá um passo à frente com o pé esquerdo, pelo lado direito do *uke*, e redireciona o ataque com os *tegataná*.
③-④ O *tori* gira sobre o pé esquerdo, enquanto corta para baixo o braço direito do *uke*.
⑤-⑥ O *tori* segura o pulso direito do *uke* com a mão direita e aplica *yonkyo* com a mão esquerda no ponto vital da parte externa do pulso do *uke*, enquanto corta para baixo fazendo um amplo giro, deslizando com a perna direita.
⑦-⑧ O *tori* leva o *uke* ao chão, com o rosto voltado para baixo, e imobiliza-o aplicando *yonkyo* em seu pulso, como mostra a foto.

Demonstrando a imobilização na foto ⑤, de um ângulo diferente.

151

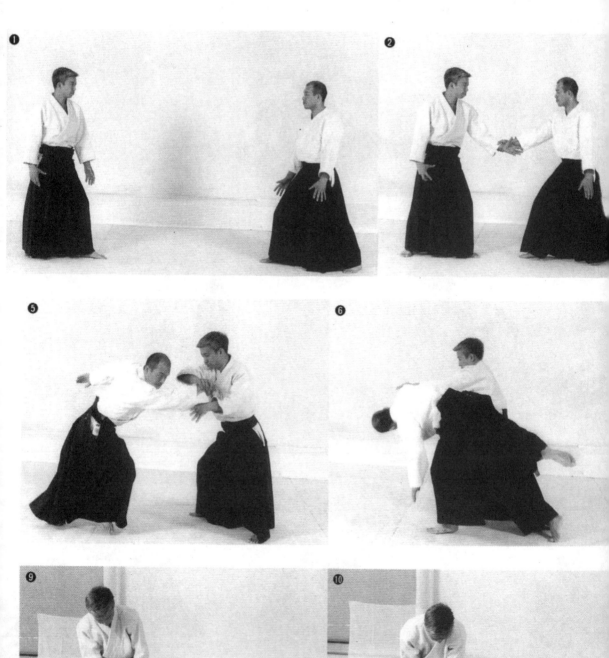
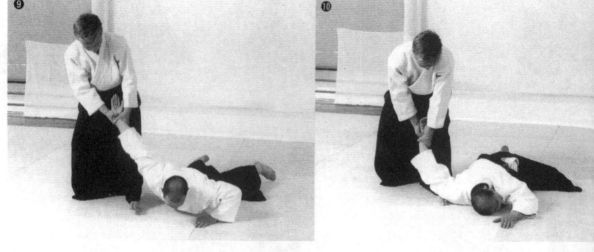

152

Katate-dori Dai-Yonkyo (gyaku-hanmi) (omote)

① Posicione-se em *hidari-gyaku-hanmi*.
② O *uke* segura o pulso esquerdo do *tori* com a mão direita.
③-④ O *tori* dá um passo à frente com o pé direito e gira, enquanto corta para baixo o braço direito do *uke* com o *tegataná* direito.
⑤ O *tori* segura o pulso direito do *uke* com a mão direita e o cotovelo do *uke* com a mão esquerda.
⑥-⑧ O *tori* dá dois passos largos à frente, enquanto corta para baixo o braço do *uke*, levando-o ao chão, com o rosto voltado para baixo.
⑨-⑩ O *tori* imobiliza o braço direito do *uke* aplicando *yonkyo* (*omote*) em seu pulso direito.

Detalhe da foto ⑨, de um ângulo diferente.

Nota: Torça o pulso do parceiro para dentro aplicando pressão no ponto vital da parte externa do seu pulso com a base do dedo indicador.

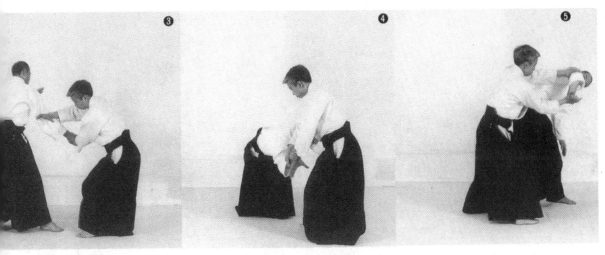

Demonstrando a imobilização mostrada na foto ⑨, de um ângulo diferente.

Katate-dori Dai-Yonkyo (gyaku-hanmi)
(ura)

① Posicione-se em *hidari-gyaku-hanmi*.
② O *uke* segura o pulso direito do *tori* com a mão esquerda.
③-④ O *tori* dá um passo para fora com o pé esquerdo, enquanto corta para baixo o braço do *uke* com o *tegataná* direito.
⑤ O *tori* segura o pulso direito do *uke* com a mão direita e o cotovelo dele com a mão esquerda, e dá um passo para trás.
⑥ O *tori* gira sobre o pé esquerdo, enquanto corta para baixo o braço do *uke*.
⑦ O *tori* aplica *yonkyo* no pulso direito do *uke*.
⑧ O *tori* gira sobre o pé esquerdo cortando para baixo o braço direito do *uke* e levando-o ao chão, com o rosto voltado para baixo.
⑨ O *tori* imobiliza o *uke* aplicando *yonkyo* em seu pulso.

Detalhe da foto ⑧, de um ângulo diferente.

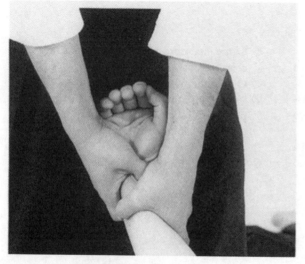

Nota: Aplique a pegada de *yonkyo* segurando a base do dedo indicador para colocar pressão na artéria do parceiro.

Ushiro Ryotekubi-dori Dai-Yonkyo *(omote)*

① Posicione-se em *migi-ai-hanmi*.

②-④ O *uke* aproxima-se pela frente e move-se até as costas do *tori* para agarrar seus pulsos por trás. Quando os pulsos do *tori* são agarrados, ele dá um passo à frente com o pé esquerdo.

⑤ O *tori* levanta os braços.

⑥ O *tori* dá um passo para trás com o pé esquerdo, enquanto corta para baixo com ambas as mãos.

⑦ O *tori* segura o pulso direito do *uke* com a mão direita e o cotovelo direito do *uke* com a mão esquerda.

⑧-⑨ O *tori* dá um passo à frente, enquanto pressiona o braço do *uke* para baixo, até levá-lo ao chão, com o rosto voltado para baixo. O *tori* completa a imobilização aplicando *yonkyo* no pulso direito do *uke*.

Ushiro Ryotekubi-dori Dai-Yonkyo *(ura)*

① Posicione-se em *hidari-ai-hanmi*.

②-⑤ O *uke* aproxima-se pela frente e move-se até as costas do *tori* para agarrar seus pulsos por trás. Quando os pulsos do *tori* são agarrados, ele dá um passo à frente com o pé direito.

⑥ O *tori* levanta os braços.

⑦ O *tori* dá um passo para trás com o pé direito, enquanto corta para baixo com ambas as mãos.

⑧-⑨ O *tori* segura o cotovelo esquerdo do *uke* com a mão direita e o pulso esquerdo do *uke* com a mão esquerda.

⑩-⑫ O *tori* aplica *yonkyo* (*ura*) no pulso esquerdo do *uke* e gira sobre o pé direito cortando para baixo.

⑬-⑭ O *tori* leva o *uke* ao chão, com o rosto voltado para baixo, e aplica *yonkyo* no pulso esquerdo do *uke* para completar a imobilização.

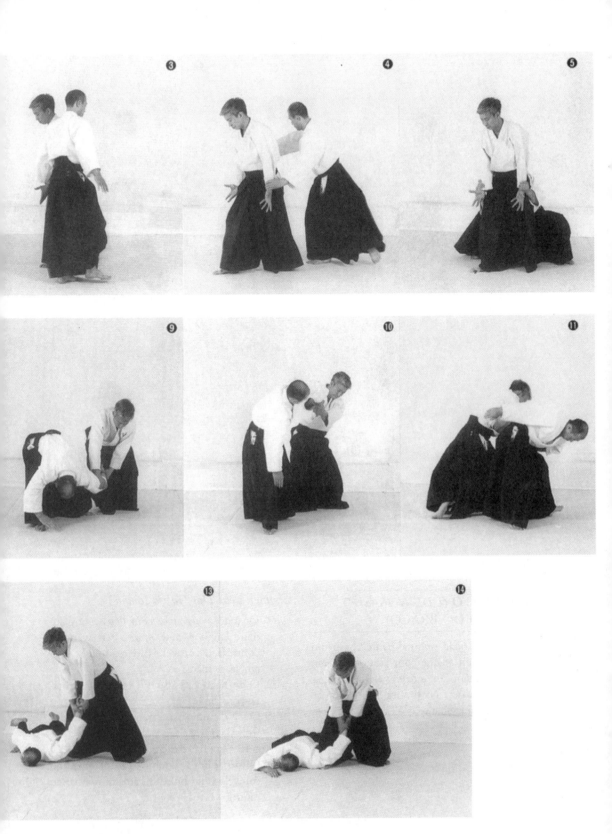

5. *DAI-GOKYO (UDE-NOBASHI)* (EXTENSÃO DO BRAÇO)

Dai-gokyo foi criado originalmente como uma defesa contra um ataque com faca. O atacante era levado ao chão, com o rosto voltado para baixo, e a faca, tomada. Na prática normal, no entanto, a faca é imaginária.

Shomen-uchi Dai-Gokyo *(omote)*

①-② Quando o *uke* ataca com *shomen* posicionado em *migi-ai-hanmi*, o *tori* avança e controla o cotovelo direito do *uke* com ambas as mãos.

③ O *tori* agarra o pulso direito do *uke* de baixo para cima.

④-⑧ O *tori* dá um passo à frente, enquanto controla o cotovelo e o pulso direito do *uke* e corta para baixo até o chão.

⑨ O *tori* aplica a imobilização de *gokyo* no cotovelo e no pulso direito do *uke*, como mostra a foto.

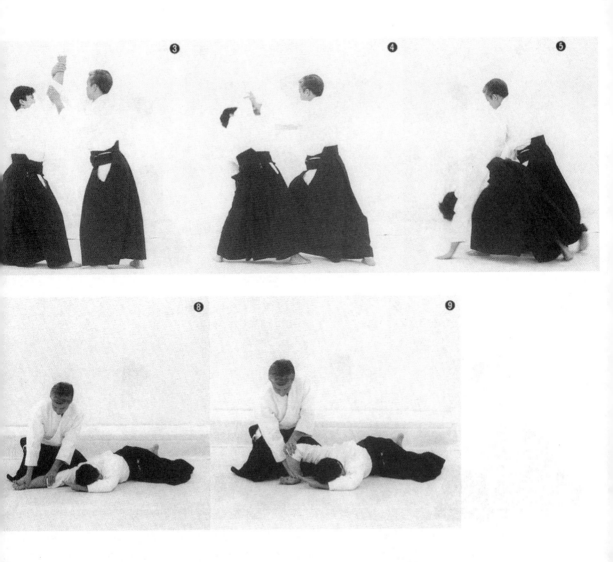

Detalhe da foto ③.

Nota: Segure o cotovelo do parceiro de baixo para cima e use o dedo mínimo para segurar firmemente em seu pulso, quando estiver torcendo a mão dele para longe de você.

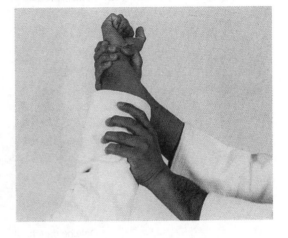

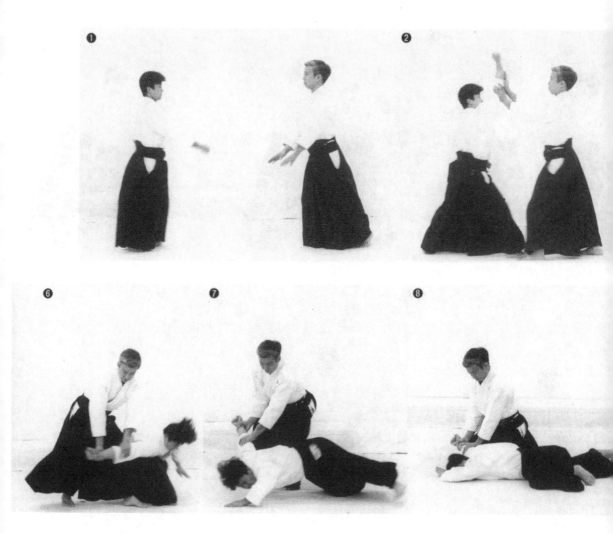

Shomen-uchi Dai-Gokyo (ura)

①-③ Quando o *uke* ataca com *shomen* posicionado em *migi-ai-hanmi*, o *tori* avança para frente e à direita do *uke* com o pé esquerdo, redirecionando o ataque com ambas as mãos.

④ O *tori* agarra o pulso direito do *uke* de baixo para cima, com a mão direita.

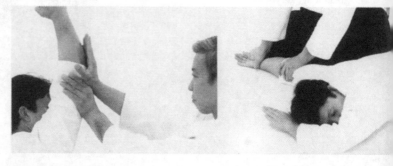

Detalhe da foto ③.

Detalhe da foto ⑨, de um ângulo diferente.

⑤-⑦ O *tori* gira sobre o pé esquerdo e corta o braço do *uke* para baixo.
⑧-⑩ O *tori* leva o *uke* ao chão e aplica a imobilização de *gokyo* no cotovelo e no braço direito do *uke*.

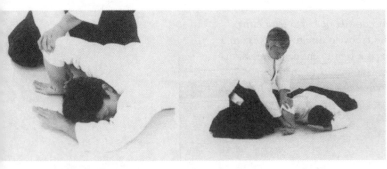

Detalhe da foto ⑩, de um ângulo diferente.

Foto ⑩ mostrando a chave final, vista de frente.

Nota: Empurre o cotovelo do parceiro para trás e de baixo para cima, direcionando o ataque para longe de você. Use o dedo mínimo da mão esquerda para certificar-se de uma pegada firme no cotovelo dele, deslize o joelho direito e imobilize a mão direita do parceiro segurando o polegar dele com a base do dedo indicador. Levante o cotovelo do parceiro com a mão esquerda e torça o pulso dele mais de 90 graus.

163

Yokomen-uchi Dai-Gokyo *(omote)*

① Posicionado em *hidari-ai-hanmi*, o *uke* avança com o pé direito e ataca com *yokomen* com o pulso direito.

②-③ O *tori* avança com o pé esquerdo, redireciona o ataque com o *tegataná* esquerdo e aplica um *atemi* no rosto do *uke* com o *tegataná* direito.

④ O *tori* segura o pulso direito do *uke* de baixo para cima.

⑤-⑧ O *tori* empurra para cima o cotovelo direito do *uke* com a mão esquerda e dá um passo à frente, enquanto pressiona para baixo o braço do *uke*, para levá-lo ao chão.

⑨ O *tori* aplica a imobilização de *gokyo* no cotovelo e no pulso do *uke*.

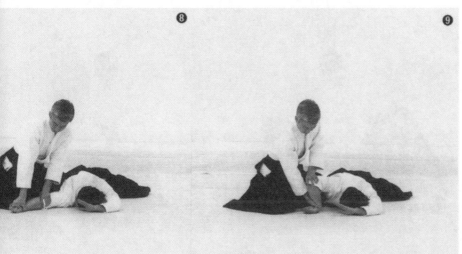

Exemplo correto do movimento mostrado na foto ③.   Exemplo incorreto do movimento mostrado na foto ③.

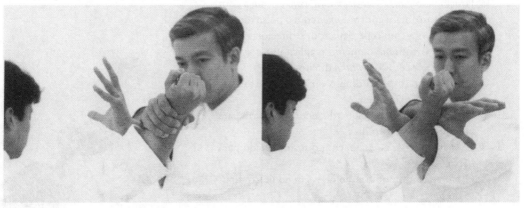

165

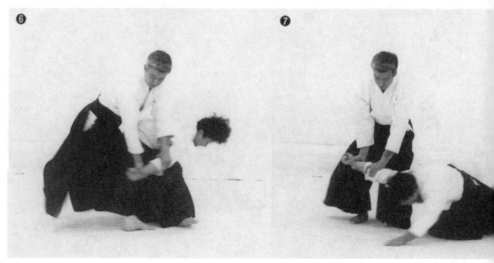

Yokomen-uchi Dai-Gokyo *(ura)*

① Posicionado em *hidari-ai-hanmi*, o *uke* avança com o pé direito e ataca com *yokomen* com o pulso direito.

② O *tori* avança com o pé esquerdo, redireciona o ataque com o *tegataná* esquerdo e aplica um *atemi* no rosto do *uke* com o *tegataná* direito.

③ O *tori* segura o pulso direito do *uke* de baixo para cima, com a mão direita.

④-⑦ O *tori* gira sobre o pé esquerdo, enquanto corta para baixo o braço direito do *uke*.

⑧-⑨ O *tori* leva o *uke* ao chão, com o rosto voltado para baixo.

⑩ O *tori* aplica a imobilização de *gokyo* no braço direito do *uke*.

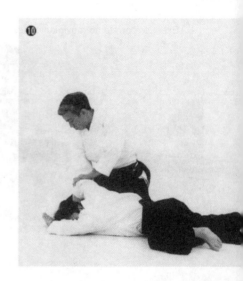

Nota: Segure o cotovelo do parceiro firmemente com a mão esquerda e dobre o pulso dele mais de 90 graus.

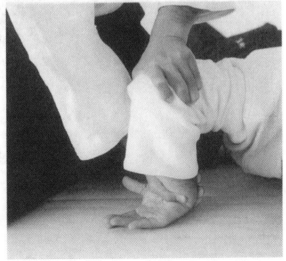

Detalhe da foto ⑩, de um ângulo diferente.

Dai-Ikkyo

Dai-Nikyo

Kaiten-nage

Shiho-nage

Tenchi-nage

Tori: Kisshomaru Ueshiba; *uke*: Moriteru Ueshiba, numa demonstração em 1974.

GRÁFICA PAYM
Tel. (011) 4392-3344
paym@terra.com.br